OS LIVROS HISTÓRICOS da Bíblia

Dados Internacionais de Catalogação na Publicação (CIP)
(Câmara Brasileira do Livro, SP, Brasil)

Fonsatti, José Carlos
  Os Livros Históricos da Bíblia / José Carlos Fonsatti. – Petrópolis, RJ : Vozes, 2020. – (Coleção Introdução à Bíblia)

  Bibliografia.
  ISBN 978-65-5713-090-2

  1. Bíblia – Estudo e ensino 2. Bíblia. A.T. Livros Históricos – Introduções I. Título. II. Série.

20-35572   CDD-222.061

Índices para catálogo sistemático:
1. Livros Históricos : Antigo Testamento : Bíblia : Introduções 222.061

Cibele Maria Dias – Bibliotecária – CRB-8/9427

Pe. José Carlos Fonsatti, CM

OS LIVROS HISTÓRICOS
da Bíblia

Petrópolis

© 2020, Editora Vozes Ltda.
Rua Frei Luís, 100
25689-900 Petrópolis, RJ
www.vozes.com.br
Brasil

Todos os direitos reservados. Nenhuma parte desta obra poderá ser reproduzida ou transmitida por qualquer forma e/ou quaisquer meios (eletrônico ou mecânico, incluindo fotocópia e gravação) ou arquivada em qualquer sistema ou banco de dados sem permissão escrita da editora.

CONSELHO EDITORIAL

Diretor
Gilberto Gonçalves Garcia

Editores
Aline dos Santos Carneiro
Edrian Josué Pasini
Marilac Loraine Oleniki
Welder Lancieri Marchini

Conselheiros
Francisco Morás
Ludovico Garmus
Teobaldo Heidemann
Volney J. Berkenbrock

Secretário executivo
João Batista Kreuch

Diagramação: Victor Mauricio Bello
Revisão gráfica: Alessandra Karl
Capa: Ana Maria Oleniki

ISBN 978-65-5713-090-2

Editado conforme o novo acordo ortográfico.

Este livro foi composto e impresso pela Editora Vozes Ltda.

SUMÁRIO

Apresentação, 7
Introdução, 9

I. A HISTÓRIA DEUTERONOMISTA, 11

1. O Livro de Josué, 14
2. O Livro dos Juízes, 19
3. Os Livros de Samuel, 24
4. Os Livros dos Reis, 28

II. A HISTÓRIA CRONISTA, 33

1. Os Livros das Crônicas, 35
2. Os Livros de Esdras e Neemias, 39

III. A HISTÓRIA DOS MACABEUS, 43

1. O Primeiro Livro dos Macabeus, 48
2. O Segundo Livro dos Macabeus, 50

IV. HISTÓRIAS EDIFICANTES, 55

1. O Livro de Rute, 57
2. O Livro de Tobias, 60
3. O Livro de Judite, 64
4. O Livro de Ester, 68

Referências, 73

APRESENTAÇÃO

Os Livros Históricos ocupam, ao lado dos Livros Proféticos, uma grande parte do Antigo Testamento. São dezesseis livros que percorrem a história, desde a entrada de Israel na Terra Prometida sob a liderança de Josué no século XIII a.C. até os meados do século II a.C. Logicamente esse período de tempo não é contado em toda a sua extensão. Há lacunas de vários anos, como por exemplo, o período da permanência de Israel no exílio, ou o período que vai de Esdras e Neemias até os Macabeus.

Muitos desses livros são interessantes para a compreensão de muitos textos dos profetas.

Apesar de sua importância, esses livros não são objeto de estudos nos cursos de Teologia e muito menos na formação das lideranças de nossas comunidades cristãs. Seu conteúdo é tratado nas aulas de História de Israel.

Este livro procura abordar de modo simples cada um dos Livros Históricos. Eles são estudados nos grandes blocos nos quais estão inseridos: História Deuteronomista (Josué, Juízes, Samuel e Reis), História Cronista (Crônicas, Esdras e Neemias) e História dos Macabeus (Livros dos Macabeus), ou como alguns preferem chamar, História Helenista.

Os livros de Rute, Tobias, Judite e Ester estão colocados entre os Livros Históricos, mas, na realidade, são novelas com objetivo didático. Esses livros estão inseridos em contextos históricos precisos, mas são histórias que transmitem ensinamentos importantes.

A Bíblia da Vulgata (tradução latina) colocou esses livros em ordem cronológica. E assim eles são estudados aqui, com exceção dos livros de Rute, Tobias, Judite e Ester que são tratados fora do lugar que ocupam no cânon da Bíblia.

Espero ajudar a todos que se servirem deste texto para estudo dos Livros Históricos. Desejo uma boa leitura.

Pe. José Carlos Fonsatti, CM.

INTRODUÇÃO

Os livros de Josué, Juízes, Rute, Samuel, Reis, Crônicas, Esdras, Neemias, Tobias, Judite, Ester e Macabeus são chamados, na Bíblia católica, de Livros Históricos, porque narram a História da Salvação desde a conquista da Terra Prometida com Josué (aproximadamente 1220 a.C.) até o ano 135 a.C., com a morte de Simão, um dos Macabeus, e o início do reinado de seu filho João Hircano (1Mc 15,18ss.).

Na Bíblia hebraica, os livros de Josué, Juízes, Samuel e Reis são chamados de Profetas Anteriores porque a tradição judaica considera que foram escritos por profetas. Josué e Samuel teriam escrito os livros com seus nomes e o profeta Jeremias teria escrito os livros dos Juízes e de Reis. São chamados "Profetas Anteriores" para distingui-los dos livros dos profetas, chamados de "Profetas Posteriores".

Os livros de Crônicas, Esdras e Neemias, Rute e Ester estão colocados entre os ESCRITOS. E estão fora da Bíblia hebraica os livros de Tobias, Judite e Macabeus.

Dar a esses livros o título de "Históricos" não significa que sejam os únicos livros da Bíblia que contêm textos narrativos. A revelação bíblica é essencialmente uma revelação histórica, pois Deus se manifestou, sobretudo, através dos acontecimentos da história de Israel. A história é o lugar onde Deus se revela. São poucos os livros que não possuem textos na forma narrativa, como, por exemplo, o Levítico, que é um livro de leis, ou o Cântico dos Cânticos que é um poema, ou ainda os Salmos que são orações.

Este título não pode ser entendido no sentido que hoje damos à palavra História, isto é, não são livros de crônicas ou descrições exatas dos acontecimentos. Eles narram a História da Salvação. O objetivo dos autores não foi escrever uma história completa e exaustiva, mas seletiva, com uma finalidade religiosa: levar o povo a descobrir Deus que se manifesta nos acontecimentos de cada dia e, portanto, propor uma leitura religiosa dos acontecimentos.

Os dezesseis livros são divididos em:
1) HISTÓRIA DEUTERONOMISTA: Josué, Juízes, 1 e 2Samuel e 1 e 2Reis.
2) HISTÓRIA CRONISTA: Crônicas, Esdras e Neemias.
3) HISTÓRIA DOS MACABEUS: 1 e 2Macabeus.
4) HISTÓRIAS EDIFICANTES: Rute, Tobias, Judite e Ester.

I

A HISTÓRIA DEUTERONOMISTA

Os livros de Josué, Juízes, 1 e 2Samuel e 1 e 2Reis formam um bloco homogêneo, como se fossem um único livro, abrangendo quase setecentos anos de história entre a conquista da Terra Prometida (1220 a.C.), a destruição de Jerusalém e o exílio em 587 a.C.

É chamada HISTÓRIA DEUTERONOMISTA porque seus autores escreveram a história tendo como base a teologia do Livro do Deuteronômio, isto é, Deus deu a Terra Prometida a Israel, mas condicionou a sua posse à observância da Aliança. O ponto de partida dos autores é a destruição do reino de Israel em 722 a.C. e, sobretudo, do reino de Judá em 587 a.C.

A ruína do reino de Judá por Nabucodonosor, rei da Babilônia, com a destruição de Jerusalém, tinha provocado nos judeus uma grave crise de fé em seu Deus. Javé prometera, com juramento a Abraão e à sua descendência, a posse da terra; e a Davi tinha prometido a perpetuidade da sua dinastia no trono. Porém, a terra foi ocupada pelos babilônios e os judeus foram levados para o exílio. Não havia mais rei em Jerusalém. A cidade santa e o Templo tinham sido destruídos.

> *Deus teria falhado? Jerusalém não era sua cidade santa e invencível? Ou os deuses dos babilônios seriam mais fortes do que Javé, o Deus dos judeus?*

Para responder a essas interrogações, os autores deuteronomistas releram toda a história de Israel e Judá, desde a entrada na Terra Prometida até sua perda definitiva. E procuraram mostrar que Deus tinha colocado como condição para a posse da terra a observância das cláusulas da Aliança, isto é, os mandamentos. Moisés tinha alertado o povo sobre esta condição antes de sua morte. A fidelidade à Aliança permitiria a posse da terra, a infidelidade, a sua perda. Baseados nesses critérios, os autores repassaram toda a história mostrando que o único responsável pela catástrofe foi o próprio povo que não foi fiel à Aliança feita com Deus no monte Sinai.

Assim, partindo da conquista da Palestina e chegando ao exílio, a História Deuteronomista procura explicar como a destruição política de Israel não foi um fracasso de Javé. Ele advertiu seu povo muitas vezes pelos profetas, exortando-o à conversão. Mas o povo não acolheu o apelo divino. A responsabilidade pela perda da Terra Prometida é toda do povo, tendo à frente seus chefes religiosos e políticos.

Pelo fato de o Livro do Deuteronômio ser a base de leitura da história narrada em Josué, Juízes, Samuel e Reis, grande parte de biblistas prefere considerá-lo como a introdução à História Deuteronomista. Assim, o Deuteronômio não seria a conclusão do Pentateuco, mas a introdução à História Deuteronomista. Segundo a maioria dos autores, a História Deuteronomista começou a ser escrita na época do rei Josias pelo ano 560 a.C. Durante o exílio (587-538 a.C.) ela teria sido revisada, ampliada e aprofundada.

1

O LIVRO DE JOSUÉ

O livro recebeu como título o nome de seu principal personagem: Josué. Ele era filho de Nun (Ex 33,11; Nm 11,28), da tribo de Efraim (Nm 13,8). Moisés mudou seu nome original, Oseias, para Josué, que significa "Deus é a salvação" (Nm 13,16). A mudança de nome na Bíblia indica sempre uma nova missão na história da salvação.

Durante a vida de Moisés, Josué guiou os israelitas na vitória contra os amalecitas em Rafidim (Ex 17,8-16); acompanhou Moisés ao monte Sinai quando este recebeu as tábuas da Lei (Ex 24,13); tomou parte na expedição de reconhecimento da terra de Canaã (Nm 13,8). Quando Moisés o escolheu como seu servo, ele devia ser muito jovem (Ex 24,13). Por ordem divina, Moisés o designou seu sucessor na condução do povo para a terra de Canaã (Nm 27,15-23; Dt 34,9). Josué foi um dos únicos, com Caleb, a sair do Egito e entrar na Terra Prometida.

Conteúdo e divisão

O livro continua a narração do retorno dos israelitas para a Terra Prometida. Após a morte de Moisés, Josué é designado por Deus para liderar os israelitas na posse da terra (Dt 31,3). Portanto, o livro descreve a conquista e a divisão da terra pelas doze tribos de Israel. O livro se divide naturalmente em três partes:

- Primeira parte – Js 1–2: narra a conquista da terra de Canaã.
- Segunda parte – Js 13 –21: apresenta a divisão da terra entre as doze tribos de Israel.
- Terceira parte – Js 22–24: apêndice.

1ª Parte – A conquista da terra de Canaã (Js 1–12)

Depois de uma introdução que retoma temas do Livro do Deuteronômio (Js 1), o livro narra o envio de espiões para explorar os pontos fracos de Jericó. Esses foram acolhidos e apoiados por uma prostituta chamada Raab (Js 2). Em seguida, sob o comando de Josué, as doze tribos atravessaram o rio Jordão e acamparam perto de Guilgal (3–4). Essa travessia do rio Jordão lembra a travessia do mar Vermelho por aqueles que fugiram do Egito.

Em Guilgal os israelitas celebraram a primeira Páscoa na Terra Prometida (Js 5), e começaram a conquista do país. Em primeiro lugar, tomaram as cidades de Jericó e Hai (6-8). Dirigiram-se, então, para a região de Siquém perto dos montes Ebal e Garizim. Depois de fazer a leitura da Lei no monte Ebal (8,30-35), Josué fez um tratado de paz com os habitantes de Gabaon (Js 9). A seguir, com duas grandes expedições militares, Josué conquistou o sul do país que tinha formado uma coalizão de reis sob o comando do rei de Jerusalém (Js 10) e depois venceu os reis do norte chefiados pelo rei de Hasor (Js 11). Com apenas duas campanhas militares, Josué ocupou todo o país. No capítulo 12, encontramos a relação dos reis vencidos a leste e oeste do Jordão.

2ª Parte – A divisão da terra entre as tribos de Israel (Js 13–21)

As tribos de Rubem, Gad e metade da tribo de Manassés já tinham se estabelecido no outro lado do rio Jordão, antes de entrar na terra de Canaã (Nm 32; Js 13,8-33). Porém, elas participaram da conquista da Terra Prometida ao lado das outras tribos.

Após a conquista do país, Josué definiu primeiro os territórios das tribos de Caleb, Judá, Efraim e da outra metade de Manassés (14-17), depois, os das outras sete tribos (18-19). A seguir, são definidas as cidades de refúgio e as cidades dos levitas (20-21).

3ª Parte – Apêndice (Js 22–24)

As tribos de Ruben, Gad e meia tribo de Manassés, que se estabeleceram além do Jordão e que auxiliaram na conquista do território, voltaram para seus territórios (Js 22). Josué fez as últimas recomendações às tribos (Js 23).

Com a renovação da Aliança com Deus nos montes Ebal e Garizim (24,1-28), todo o povo fez sua opção por Javé e renunciou aos deuses dos cananeus que habitavam a região. O livro termina narrando a morte de Josué e do sacerdote Eleazar (24,29-33).

A Terra Prometida

A Terra Prometida por Deus a Abraão e à sua descendência era conhecida como terra de Canaã porque era habitada pelos cananeus e por outros povos menores como os jebuseus, heveus. E quase na mesma época da chegada dos israelitas chegaram também os filisteus que ocuparam as férteis planícies da conta mediterrânea.

Durante muito tempo toda a terra de Canaã esteve sob o domínio do Egito. Mas, na época da chegada dos israelitas, o Egito já não exercia nenhuma influência sobre a região. Isso possibilitou o surgimento de pequenos reinos que muitas vezes guerreavam entre si para aumentar seus territórios. Porém, no momento de perigo externo, esses reinos se uniam para combater o inimigo. Por exemplo, Josué combateu a coalizão dos reis do sul que se uniram para combater Israel (Js 10).

Canaã não era, portanto, um único país politicamente unido, mas sim um aglomerado de cidades-estados independentes. Eram cidades planejadas e bem fortificadas. Basta recordar as muralhas de Jericó. Esses pequenos reinos possuíam uma cultura e religião comum e falavam uma língua semelhante. Os cananeus, sobretudo, eram mais desenvolvidos que os israelitas que viveram quarenta anos no deserto.

Portanto, a terra não estava desabitada. Entrar na Terra Prometida exigia uma conquista. O Livro de Josué descreve não apenas a entrada na terra, mas, sobretudo, sua conquista. Ao ingressar no país, Israel foi obrigado a ocupar as montanhas que eram os lugares menos férteis e, portanto, menos habitados. Isso explica o fato das tribos de Israel não ficarem todas unidas formando um único país, mas viverem independentes umas das outras até a chegada da monarquia com Saul e, sobretudo, com Davi.

A religião de Canaã

O deus principal dos cananeus era chamado de EL. Ele era o deus pai, mas tinha um papel secundário no culto. Baal, seu filho, era mais importante. A palavra "baal" significa senhor, marido, dono, proprietário. Com o passar do tempo tornou-se nome próprio do principal deus da região. Baal era o deus que governava o céu, o deus da chuva, da prosperidade, da fertilidade dos campos, dos animais e das pessoas. Os rituais em sua honra envolviam relações sexuais, prostituição sagrada e orgias. Cada cidade tinha seu Baal que era identificado com acréscimos ao seu nome: Baal-Peor, Baal-Zefon. A divindade feminina era chamada ASTARTE ou ASERA ou ainda ANATE. Alguns pensam se tratar de deusas diferentes e outras afirmam que são nomes diferentes da mesma divindade.

A religião dos cananeus sempre exerceu grande influência sobre os israelitas. Ao entrar no país eles deixaram de ser pastores e se tornaram agricultores como os seus vizinhos. A ideia imperfeita sobre Deus, levou os israelitas a adorar também Baal, pois Javé era um Deus de pastores e agora eles eram agricultores e necessitavam das chuvas e da fertilidade do solo que somente Baal podia dar. Assim, o culto a Baal suplantou o culto a Javé.

Muitos profetas viram no culto a Baal o maior ato de idolatria e de infidelidade a Javé. Por isso, se referiam ao culto à Baal e depois a outros deuses, como "adultério". O profeta Jeremias apresentou uma acusação de Deus contra Israel: *"Construíram lugares altos a Baal, para queimar os seus filhos em holocausto a Baal, o que eu não tinha ordenado, falado ou jamais pensado"* (Jr 19,5).

A perda da terra com o exílio na Babilônia foi, segundo os profetas e os autores da História Deuteronomista, a consequência da idolatria e da injustiça social.

O Livro de Josué e a história

A entrada das tribos israelitas em Canaã aconteceu aproximadamente pelo ano 1240 a.C. Os últimos anos do século XIII a.C. foi uma época muito movimentada nessa região, com a imigração em grande escala de muitos povos. Além da chegada dos israelitas, também filisteus ocuparam a região.

A arqueologia confirma a conquista de muitas cidades como Hasor (Js 11,11). Mas não há nenhuma confirmação da destruição de Jericó (Js 6) nem de Hai (Js 8) entre os séculos XV e XIII a.C. A arqueologia também mostra que os invasores, isto é, os israelitas, eram culturalmente inferiores aos cananeus. Por isso destruíram inclusive aquilo que lhes poderia ser útil no domínio da região, como os carros de guerra ou as muralhas das cidades. Não podemos nos esquecer que os israelitas que viveram no Egito e fugiram com Moisés morreram todos no deserto. A geração que entrou na Terra Prometida nasceu e cresceu no deserto. Portanto, sua cultura era inferior à dos cananeus.

Mensagem

> *"Desse modo, o Senhor deu a Israel toda a terra que jurara dar a seus pais. Eles tomaram posse e nela se estabeleceram. O Senhor lhes concedeu repouso de todos os lados, conforme tudo o que havia jurado a seus pais. Nenhum dos inimigos conseguiu resistir-lhes. Nenhuma coisa falhou de todas as boas palavras que o Senhor falara à casa de Israel. Todas se cumpriram"* (Js 21,43-45).

Essa citação é a chave de leitura do Livro de Josué. A terra é um dom de Deus. Ele a prometeu a Abraão e a seus descendentes (Gn 12,7; 13,15; 15,18).

O Livro de Josué não é uma descrição detalhada da conquista de Canaã pelas tribos israelitas que saíram do Egito. De fato, alguns episódios, como as conquistas do sul e do norte, são muito resumidos; não é narrada a conquista do centro do país.

O objetivo do autor é essencialmente religioso. A entrada em Canaã é a realização da promessa que Deus fizera a Abraão. O autor se preocupou em mostrar que o verdadeiro conquistador do país foi Javé. Foi o Senhor que tomou a terra dos cananeus, heteus, jebuseus e outros povos para doá-la a Israel.

A entrada na terra é descrita como um milagre. Deus separou as águas do rio Jordão, permitindo aos israelitas atravessar o rio a pé enxuto (3–4). A tomada de Jericó parece mais um ato religioso do que militar. As muralhas da cidade caíram ao som das trombetas dos levitas e não pela força militar do exército de Josué (Js 6).

Toda a conquista do país é narrada como um contínuo milagre. Isso só foi possível porque a geração de Josué foi irrepreensível na observância da lei divina. O único pecado foi o de Acã (Js 7), que provocou a única derrota dos israelitas. Uma vez identificado e punido o culpado, as vitórias recomeçaram. Essa fidelidade é descrita como separação de tudo o que é cananeu.

O livro fala de massacre de populações inteiras, inclusive de mulheres e crianças. Na realidade esses massacres não existiram, pois os cananeus continuaram habitando o país muitos anos depois da chegada das tribos israelitas. Mas a descrição ajuda a reforçar a tese do Deuteronômio, que insistia na absoluta santidade de Deus. E Israel, seu povo santo, não deveria aceitar costumes de outros povos e evitar qualquer tipo de contato com eles.

Outro tema importante é a divisão da terra. Toda a região é dividida entre todas as tribos com exceção da tribo de Levi que não possuía território, pois devia ocupar-se da Arca da Aliança e do culto. Mais tarde o profeta Isaías afirmou que foi o próprio Javé quem dividiu a terra: *"Ele mesmo lançou-lhes a sorte e sua mão dividiu a terra com um cordel. Eles a possuirão para sempre e de geração em geração habitarão nela"* (Is 34,17). E dentro de cada tribo o território é dividido entre as diversas famílias. Assim, todos tinham sua propriedade onde morar. Séculos mais tarde os profetas levantaram a voz para criticar o latifúndio que destruiu as propriedades familiares (Am 2,6-8; Is 5,8).

O LIVRO DOS JUÍZES

2

O título do livro provém do nome dado aos protagonistas da história narrada. Os "Juízes" foram líderes carismáticos suscitados por Deus para salvar os filhos de Israel da opressão de outros povos. Exerceram sua função entre a morte de Josué e a vocação de Samuel, o último juiz, além de ser profeta.

Os Juízes não foram magistrados que se limitaram a julgar as pendências dos israelitas. Foram comandantes ocasionais, escolhidos diretamente por Deus, munidos de poderes militares e civis para libertar uma ou mais tribos de uma situação de opressão. Alguns deles exerceram uma autoridade absoluta, quase como um monarca. Normalmente são divididos em "juízes menores" e "juízes maiores", conforme a amplidão da história narrada.

Juízes menores: Samgar, Tola, Jair, Abesã, Elon e Abdon. Não lhes é atribuído nenhum ato salvador. Apenas se menciona seus nomes, tribos e se diz que "julgaram" sobre Israel por determinado tempo.

Juízes maiores: Otoniel, Aod, Barac, Débora, Gedeão, Jefté e Sansão. Esses são heróis libertadores e suas façanhas são contadas com mais detalhes.

Conteúdo e divisão

O livro narra as façanhas de doze juízes (3,7–16,31) precedidas de uma longa introdução (1,1–3,6) e de um duplo apêndice (17–21).

Introdução (1,1–3,6)

É dividida em duas partes: uma histórico-geográfica (1,1-2,5) e a outra doutrinal (2,6–3,6). A primeira apresenta a situação política das tribos de Israel em ordem geográfica, partindo do sul para o norte. A posse da terra é narrada de modo menos triunfalista que no Livro de Josué. As tribos tiveram muitas dificuldades para ocupar o país.

A segunda parte desse livro oferece a chave de leitura para o período dos juízes. Os filhos de Israel tiveram dificuldades para conquistar a terra e foram oprimidos por seus adversários porque abandonaram o seu Deus e adoraram os ídolos dos cananeus. Mas quando se convertiam e clamavam ao Senhor, Ele lhes enviava um libertador que os salvava da opressão. Porém, após a morte do juiz, voltavam à idolatria e eram novamente oprimidos por seus vizinhos. Este esquema "pecado-castigo-conversão-salvação" é próprio da teologia deuteronomista e serve para ilustrar toda a história de Israel.

Corpo do livro (3,7–16,31)

Narra a história dos doze juízes

OTONIEL	3,7-11	Da tribo de Judá, libertou o país da opressão dos arameus.
AOD	3,12-30	Da tribo de Benjamim, acabou com a opressão de Eglon, rei dos moabitas, que oprimiu o povo por dezoito anos.
SAMGAR	3,31	Derrotou os filisteus.
BARAC	4,1–5,31	Da tribo de Neftali, auxiliado pela profetisa Débora, derrotou Sísara, general de Jabin e rei dos cananeus de Hasor, que por vinte anos dominou os filhos de Israel.
GEDEÃO	6,1–8,35	Da tribo de Manassés, foi juiz por quarenta anos e livrou o povo das mãos dos madianitas. Após sua morte, Abimelec, um dos seus setenta filhos (9,1-57), tentou proclamar-se rei de Israel. Abimelec não é considerado um juiz, pois não foi escolhido por Deus, mas tentou usurpar o poder matando toda sua família. Reinou em Siquém por apenas três anos.
TOLA	10,1-2	Da tribo de Issacar.
JAIR	10,3-5	De Galaad (da tribo de Manassés ou de Gad, estabelecidas além do Jordão), foi juiz por 22 anos.
JEFTÉ	10,6–12,7	Também de Galaad. Foi juiz por apenas seis anos, livrando seu povo do domínio amonita.
ABESÃ	12,8-10	De Belém, governou durante sete anos.
ELON	12,11-12	Da tribo de Zabulon, julgou Israel durante dez anos.
ABDON	12,13-15	Da região de Siquém, foi juiz por oito anos.
SANSÃO	13,1–16,31	Da tribo de Dã, combateu os filisteus que por quarenta anos oprimiram Israel. Foi juiz por vinte anos. Sua história, desde seu nascimento até sua morte, é narrada com detalhes.

Apêndice (17–21)

Na realidade são dois apêndices que foram acrescentados ao Livro dos Juízes:
- O primeiro (17–18) descreve a migração da tribo de Dã de seu território original, no centro do país, para o extremo norte. Na sua migração para

o norte, os danitas se apoderaram de uma imagem feita por um homem da tribo de Efraim, chamado Mica, que era conservada em um pequeno santuário próprio, servido por um levita de Belém. Ao se estabelecerem no extremo norte, construíram um santuário no qual a imagem foi colocada. Surgiu, assim, o santuário de Dã, considerado idolátrico pelas outras tribos.

- O segundo apêndice (19–21) descreve fatos trágicos que quase exterminaram a tribo de Benjamim. A violenta morte, em Gabaa, de uma mulher de Belém, levou seu marido a convocar todas as tribos contra os benjaminitas, que deram abrigo aos assassinos. A guerra foi terrível e a tribo de Benjamim quase desapareceu.

Situação de Israel no período dos Juízes

O Livro dos Juízes cobre o espaço de tempo entre a morte de Josué e o ministério de Samuel, o último juiz e também profeta. Isto é, aproximadamente entre 1230 a 1050 a.C.

Após o ingresso na Terra Prometida cada tribo recebeu seu território próprio e ali se estabeleceu. Os cananeus, que ocupavam o país, ocupavam as planícies que eram os lugares mais férteis. As tribos de Israel tiveram que ocupar os lugares vagos, sobretudo nas montanhas. As doze tribos ficaram, portanto, separadas umas das outras pela presença dos cananeus, filisteus e outros povos.

Ao contrário dos cananeus, os israelitas não formaram um único governo político após a morte de Josué. Cada tribo tinha seus próprios líderes e formavam uma liga sagrada, ou uma anfictionia, que é uma união voluntária de doze ou mesmo de seis tribos ou cidades com uma mesma cultura e com um mesmo santuário comum.

Os membros da anfictionia estavam unidos por uma lei sagrada e se reuniam regularmente para celebrar suas festas no santuário comum. Nos momentos de perigo externo as tribos ou cidades se uniam para combater o inimigo. Alguns autores levantam a hipótese de que as tribos originárias dos seis filhos de Lia (Rubem, Simeão, Levi, Judá, Issacar e Zabulon) formassem uma anfictionia antes de se unirem às outras tribos.

A formação da anfictionia ou liga sagrada das tribos israelitas teria acontecido na reunião de Siquém, no tempo de Josué (cf. Js 24). A partir de então a liga das doze tribos passou a ser chamada de Israel, em honra do patriarca Jacó ou Israel, antepassado de todas elas. Ao se unirem em uma única liga, também as tradições próprias de cada tribo, foram unidas numa única tradição. Os fatos ocorridos com uma ou duas tribos foram encarados como pertencentes a todas as tribos. O Deus de algumas passou a ser o Deus de todas as tribos, o "Deus de Israel".

Não havia uma cidade central, uma espécie de capital. Por isso as tribos se reuniam anualmente no santuário onde se encontrava a Arca da Aliança, em Siquém, depois em Betel ou em Silo, Mispá, Ramá, Gilgal ou Belém. Portanto, nada, além da cultura e da fé, uniam as tribos, pois Israel não admitia a ideia de ter um rei humano, pois se consideravam vassalos de Javé. Escolher um rei seria trair a aliança com Javé.

Nessa época as grandes potências como o Egito, a Assíria e a Babilônia estavam enfraquecidas por lutas internas. Isso possibilitou a revitalização de pequenos povos como os moabitas, amonitas, edomitas, filisteus que procuraram alargar suas fronteiras atacando seus vizinhos. As tribos de Israel sofreram essas incursões. Israel que fizera guerra para ocupar o país, agora devia fazer guerra para defender seu território. Diante do perigo, cada tribo procurou defender-se sob o comando de um líder suscitado por Deus, o Juiz. Além de defender o território invadido, esses líderes defenderam a religião javista.

Nenhum dos juízes governou sobre todas as tribos, mas apenas sobre algumas. Também não governaram na ordem apresentada no livro. É provável que alguns foram, inclusive, contemporâneos. A duração do governo de cada um deles é sempre de quarenta anos, ou seu dobro, oitenta anos, ou ainda sua metade, vinte anos.

Mensagem

O autor descobriu nessa situação de paz e guerra os princípios teológicos do Deuteronômio. Quando Israel abandonava seu verdadeiro Deus e seguia os ídolos dos outros povos, sofria as maldições previstas no Código Deuteronomista: perdia o auxílio divino e a posse da terra. Era atacado e subjugado por outros povos. Mas quando se convertia e permanecia fiel, Deus lhe enviava "salvadores" que derrotavam seus inimigos e restabelecia a paz. Essa doutrina é facilmente percebida na história de cada um dos juízes maiores, em que se repetem sempre a sequência: pecado-castigo-conversão-salvação.

O **pecado** é sempre a infidelidade à Aliança e é descrito sempre com as mesmas expressões:

- *Os israelitas fizeram o que é mau aos olhos do Senhor* (2,1; 3,7.12; 4,1; 6,1; 10,6; 13,1).
- *Abandonaram o Senhor e serviram aos ídolos de Baal e de Astarte* (2,11.13; 3,7; 10,6).
- *Prostituíram-se diante de outros deuses* (2,17; 8,27.33).

O **castigo** é narrado como consequência do pecado. É sempre uma invasão estrangeira:

- *Enfureceu-se a ira do Senhor contra Israel* (2,14.20; 3,8; 10,7).
- *O Senhor os entregou nas mãos de seus inimigos* (3,14; 4,2; 6,1; 10,7).
- A opressão provocava o arrependimento e a conversão ao Senhor;
- *Então clamaram ao Senhor* (3,9.15; 4,3; 6,6; 10,10).
- *O Senhor se comovia por causa de seus gemidos* (2,18; 10,16).

A **salvação**: Deus respondia às súplicas dos israelitas, enviando-lhes "juízes" ou "salvadores". Como consequência, o país ficava em paz por alguns anos.

Assim, o livro afirma que as derrotas diante dos outros povos e a perda do território são consequências das infidelidades do povo. A fidelidade produz sempre a garantia da proteção divina. Todavia, a Aliança continuava sempre válida apesar dos pecados do povo. Deus sempre é fiel. Ele enviava os juízes para libertar seu povo.

3
OS LIVROS DE SAMUEL

O título atual, Livros de Samuel, reflete a opinião dos rabinos que, baseados em 1Cr 29,29-30, atribuíram sua composição ao profeta Samuel. Os acontecimentos posteriores à sua morte teriam sido escritos pelos profetas Gad e Natã. Esse título é impróprio porque Samuel não escreveu esses livros e também não é o personagem principal. Samuel ocupa lugar de destaque apenas nos primeiros quinze capítulos (1Sm 1–15).

Na Bíblia grega, a Setenta, esses dois livros foram unidos aos dois livros dos Reis formando um conjunto de quatro livros que receberam o nome comum de Livros dos Reinos. A tradução latina da Vulgata conservou a divisão em quatro livros, mas com o título de Livros dos Reis. Assim, os livros 1 e 2 de Samuel correspondiam aos livros 1 e 2 dos Reis. Por sua vez, os dois atuais livros dos Reis eram denominados livros 3 e 4 dos Reis. Atualmente, mesmo na Bíblia hebraica, usam-se os títulos de 1 e 2 de Samuel e 1 e 2 dos Reis.

A divisão entre os quatro volumes é artificial. Somente o Primeiro Livro de Samuel termina, logicamente, narrando a morte de Samuel e de seus filhos. O Segundo Livro de Samuel deveria terminar com a morte de Davi, mas essa só é narrada no segundo capítulo do Primeiro Livro dos Reis (1Rs 2). Também a divisão entre o Primeiro e o Segundo Livro dos Reis é artificial, pois divide a narração do reinado de Ocozias de Israel.

Originalmente, os dois livros de Samuel formavam uma única obra. A divisão atual em dois livros foi introduzida no século III a.C., quando, ao fazer a tradução para o grego, foram utilizados dois rolos de pergaminho de tamanho quase igual. O aumento do texto aconteceu por causa do uso das vogais que não existem no texto hebraico. A divisão em dois livros acabou por ser aceita também na Bíblia hebraica a partir do século XV.

Conteúdo e divisão

O conteúdo dos dois livros pode ser dividido em três partes, tendo como base as pessoas que sucessivamente governaram Israel: o profeta Samuel e os reis Saul e Davi.

1ª Parte – Samuel: profeta e último juiz de Israel (1Sm 1–7)

O livro começa narrando alguns fatos da vida de Samuel: seu nascimento em circunstâncias especiais; sua infância no santuário de Silo, onde se encontrava a Arca da Aliança; a reprovação do sacerdote Eli e de seus filhos (1,1–3,21); a guerra contra os filisteus, com a derrota dos israelitas e a perda da Arca com a morte do sacerdote Eli e de seus filhos (1Sm 4); a restituição da Arca depois que uma peste se abateu sobre os filisteus (5,1–7,1). Samuel é, então, descrito como um juiz (7,2-17).

2ª Parte – Saul: primeiro rei de Israel (1Sm 8–2Sm 1)

Na sua velhice, Samuel constituiu seus filhos como juízes. Eles, porém, governaram mal o povo. Diante da ameaça constante dos filisteus, o povo pediu a Samuel um rei (1Sm 8). Por ordem divina, Samuel ungiu rei a Saul, rei em Guilgal (9,1–10,16), que depois foi designado publicamente e aclamado por todas as tribos reunidas em Masfa (10,17-25).

Saul iniciou imediatamente a guerra da libertação combatendo os amonitas (1Sm 11), depois os filisteus (1Sm 13) e por fim os amalecitas (1Sm 15). Porém, foi rejeitado por Deus por não ter cumprido suas ordens (15,10-31). Então, por ordem divina, Samuel, secretamente, ungiu rei um jovem pastor, Davi, que depois se tornou menestrel e escudeiro de Saul (1Sm 16). As façanhas de Davi começaram com sua vitória sobre Golias (17,1-54), o que despertou a admiração do povo e a inveja de Saul, que tentou matá-lo várias vezes (17,55–19,17). Davi fugiu da corte e levou uma vida errante pelo deserto com um grupo de soldados, sempre perseguido por Saul. Por fim, refugiou-se junto aos filisteus na cidade de Gat (19,18–27,12).

Os filisteus fizeram a última grande batalha contra Saul e o exército israelita na planície de Esdrelon. Davi deveria lutar ao lado dos filisteus, mas conseguiu ficar fora da batalha. Saul e seus filhos, entre eles Jônatas, que era grande amigo de Davi, morreram na batalha perto dos montes de Gelboé (1Sm 31).

3ª Parte – O reino de Davi (2Sm 2–24)

Davi foi ungido rei da tribo de Judá, em Hebron (2,1-7); enquanto Isbaal, quarto filho de Saul, tentava reinar sobre as outras tribos do norte (2,8-11). Logo estourou uma guerra entre as duas partes que só terminou com o assassinato de Abner, general do exército de Saul, e de Isbaal (2,12–4,2). Assim, também as outras tribos ungiram Davi, que reinou sobre todo Israel (5,1-5).

Logo depois, Davi conquistou a cidade de Jerusalém e tornou-a capital do seu reino (5,6-16). Venceu os filisteus (5,17-25) e transportou a Arca da Aliança para Jerusalém (2Sm 6). Deus, através do profeta Natã, prometeu a Davi a perpetuidade de sua dinastia no trono de Judá (2Sm 7).

Depois de resumir as guerras contra os amonitas e arameus (8-10), o autor passa a narrar as desordens acontecidas na família de Davi. O rei se encantou por Betsabeia, mulher de seu general, Urias; e cometeu adultério com ela. Para ficar com ela, Davi provocou a morte de Urias (1Sm 11).

Amnon, filho de Davi, violentou sua meia-irmã, Tamar, e foi morto por Absalão, irmão de Tamar por parte de mãe, que fugiu para junto de seu avô materno por três anos, e depois voltou a Jerusalém, disposto a destronar o próprio pai (13,1–14,33). Davi fugiu de Jerusalém e estourou uma guerra entre os partidários do rei e os seguidores de seu filho, que só terminou com a morte deste (15,1–19,18). Davi retornou a Jerusalém e teve que sufocar a revolta de um benjaminita, chamado Seba (19,9–20,26).

Apêndice (2Sm 21–24)

Esses capítulos interrompem a história de Davi, que continua em 1Rs 1. São apresentados fatos diferentes:

- 21,1-14 – narra a morte de sete descendentes de Saul pelos habitantes de Gabaon para terminar com uma carestia que já durava três anos;
- 21,15-22 – conta as proezas de Davi contra os filisteus;
- 22,1-51 – é um salmo de Davi;
- 23,1-7 – suas últimas palavras;
- 23,8-39 – descreve os nomes e os feitos dos guerreiros de Davi;
- 24,1-15 – narra o recenseamento do povo feito por Davi, sem ordem divina, e a peste que ocorreu como castigo;
- 24,18-25 – discorre sobre a construção de um altar em honra a Javé, na eira de Areúna, onde mais tarde foi construído o Templo.

Mensagem

Os Livros de Samuel estão centrados em três importantes figuras que governaram Israel: Samuel, que foi o último Juiz e também profeta, e os reis Saul e Davi. Samuel faz a ligação entre o tempo dos Juízes e a monarquia. Ele próprio foi um dos Juízes e ungiu os dois primeiros reis de Israel. O texto ressalta seu nascimento, fruto das orações de sua mãe, Ana; sua consagração a Deus; sua vida no santuário de Silo ao lado do sacerdote Eli. Ao contrário dos outros Juízes apresentados no Livro dos Juízes, Samuel nunca liderou Israel em uma guerra. Ele é apresentado como profeta e não tanto como um líder militar.

Diante do poderio militar dos filisteus que ameaçava a existência das tribos israelitas, surgiu o clamor do povo pedindo um rei. O texto apresenta duas opiniões sobre a realeza. Uma negativa, vendo no rei alguém que ocuparia o lugar de Deus, o único rei de Israel e que oprimiria seus irmãos exigindo o melhor para si. Uma segunda visão, positiva, vendo na monarquia a única via de sobrevivência das tribos.

Samuel se opôs à monarquia, mas cedeu à pressão e ungiu Saul como primeiro rei de Israel e depois ungiu Davi no seu lugar.

Saul, embora escolhido por Deus e ungido pelo profeta Samuel, é descrito no livro com cores pesadas. Todo o tempo de seu reinado foi ocupado em guerras contra os inimigos de seu povo, sobretudo contra os filisteus. Além disso precisou conviver com a influência de Samuel. A questão era saber se Deus falava e agia através do rei ou do profeta.

Saul foi rejeitado por Deus por causa de sua desobediência e foi substituído no reino por Davi. Este é idealizado. É um rei justo e piedoso. O autor não ocultou seus pecados, mas ressaltou sua penitência e conversão. Ele é exaltado, sobretudo por sua relação com a Arca da Aliança que fez transferir para Jerusalém, sua cidade.

Por intermédio do profeta Natã, Deus lhe promete a perpetuidade de sua dinastia no trono de Judá (2Sm 7). Apesar da infidelidade e idolatria de quase todos os reis, Deus manteve sua promessa. Samuel, Saul e Davi são três homens diferentes, mas, foram instrumentos importantes de Deus na história de Israel.

4
OS LIVROS DOS REIS

O título Livro dos Reis, atribuído a São Jerônimo ao fazer a tradução latina da Vulgata, é bastante apropriado, porque os dois livros contêm a história dos reis de Judá e de Israel desde a morte de Davi (pelo ano 960 a.C.) até a destruição de Jerusalém e o exílio na Babilônia (587 a.C.), ou seja, por um espaço de tempo de 400 anos.

Originalmente formavam um único livro. A divisão em dois volumes foi introduzida pelos tradutores da versão grega dos Setenta no século III a.C. Era costume na época dividirem duas partes mais ou menos iguais os escritos muito longos e que não cabiam em um único rolo de pergaminho. A divisão em dois volumes é arbitrária, pois divide ao meio os dois anos do reinado de Ocozias (1Rs 22,52-54 e 2Rs 1,17-18).

A tradição judaica atribuiu a redação desses livros ao profeta Jeremias devido às relações dos livros dos Reis com o livro do profeta. Atualmente essa atribuição não é mais admitida. Com grande probabilidade, os livros começaram a ser escritos durante a reforma religiosa do rei Josias (620 a.C.) e foram concluídos durante o exílio (586-538 a.C.).

Conteúdo e divisão

Os dois livros podem ser divididos em três partes:
1ª Parte – O reinado de Salomão (1Rs 1,1–11,43)
2ª Parte – A história dos reis de Israel e de Judá à queda de Samaria (1Rs 12; 1–2Rs 17,41)
3ª Parte – A história dos últimos reis de Judá (2Rs 18,1–25,30)

Quadro cronológico dos reis de Judá e Israel

1030-1010 a.C. – Saul		
1010-970 a.C. – Davi		
970-931 a.C. – Salomão		
Reino de Judá		**Reino de Israel**
Roboão	- 931	Jeroboão I
Abiam	- 914	
Asa	- 911	
	- 909	Nadab
	- 908	Baasa
	- 886	Ela
	- 885	Zambri-(Tebni)
	- 880	Amri
	- 874	Acab
Josafá	- 871	
	- 853	Ocozias
	- 852	Jorão
Jorão	- 848	
Ocozias	- 841	Jeú
Atalia	- 840	
Joás	- 835	
	- 813	Joacáz
	- 797	Joás
Amasias	- 796	
	- 782	Jeroboão II
Azarias	- 767	
	- 753	Zacarias e Selum
	- 752	Menaém
	- 742	Faceias
	- 740	Faceia
Joatão	- 739	
Acaz	- 734	
	- 731	Oseias
Ezequias	- 727	
	- 722	Destruição do Reino de Israel
Manassés	- 699	
Amon	- 643	
Josias	- 641	
Joacáz	- 609	
Joaquim	- 609	
Joiaquin (Jeconias)	- 598	
Sedecias	- 597	
Destruição de Jerusalém	- 587	

Mensagem

Os livros foram escritos para responder aos angustiosos problemas dos judeus que viveram a catástrofe de 587 a.C.

Nabucodonosor, rei da Babilônia, tinha tomado e destruído a cidade de Jerusalém e incendiado o Templo. A proteção que Deus tinha prometido no monte Sinai não se realizara. A Dinastia de Davi, depois de quatrocentos anos, foi interrompida. Quem era o responsável por tão grande catástrofe?

É impossível saber se os livros foram escritos por aqueles que ficaram no país totalmente devastado, ou pelos exilados na Babilônia. Seja por uns ou por outros, o autor mostra que o grande responsável pela tragédia é o próprio povo e, sobretudo, seus líderes políticos e religiosos que foram infiéis à Aliança. A infidelidade do povo, e não de Deus, é a grande causa da destruição do país.

O autor não é um historiador, mas um teólogo que se serviu da história para iluminar e transmitir sua mensagem. Ele se ateve apenas ao aspecto religioso e não se preocupou com o aspecto político, econômico e social do governo dos reis de Israel ou de Judá. Para esses aspectos ele remete às suas possíveis fontes: o Livro dos Atos de Salomão (1Rs 11,41), os anais dos reis de Israel (1Rs 14,19) e os anais dos reis de Judá (1Rs 14,29).

Cada rei foi analisado apenas nas suas relações com o Templo e a Aliança. A idolatria foi o maior pecado dos reis de Israel e de Judá. Assim, reinados politicamente importantes, como os de Amri e Jeroboão II, são descritos de modo sucinto. Mas os acontecimentos religiosos adquirem grande importância.

O governo de cada um dos reis de Israel e de Judá é descrito seguindo um esquema fixo:

Introdução – onde se indica o nome do rei e, às vezes, de seu pai (da mãe para os reis de Judá), a duração do reinado e o ano de reinado de seu vizinho (até a destruição do reino de Israel).

Juízo – para emitir um juízo sobre cada rei, o autor usou três fórmulas:
- *"Ele praticou o que é mau aos olhos do Senhor"* – usada para todos os reis de Israel e muitos de Judá.
- "Ele praticou o que é reto aos olhos do Senhor, mas não destruiu os lugares altos..." – *aplicada a seis reis de Judá: Asa, Josafá, Joás, Amasias, Azarias e Joatão.*
- "Ele praticou o que agrada ao Senhor, seguindo seu antepassado Davi" – *esse juízo se aplica somente aos reis Ezequias e Josias de Judá.*

Conclusão – para outras informações, remete-se aos atos de Salomão, ou aos anais dos reis de Israel ou de Judá.

O autor, portanto, quer demonstrar que o povo com seus reis e sacerdotes, não foi fiel à Aliança e que Deus sempre se mostrou fiel e paciente diante da sua infidelidade. Ele quer mostrar ao povo que a culpada pela destruição, primeiro do reino de Israel e depois de Judá, foi a infidelidade do seu povo e não foi um fracasso de Deus. Procurou, também, encorajar o povo. Repetidamente, referiu-se à promessa divina da perpetuidade da Dinastia de Davi, sobre a ligação entre Deus e Jerusalém, sua cidade santa. Por isso, termina seu livro mencionando que o rei da Babilônia, Evil-Merodac, *"...reabilitou Joaquin, rei de Judá, e tirou-o do cárcere. Falou-lhe benignamente e elevou seu trono acima do trono dos reis que estavam com ele na Babilônia"* (2Rs 25,27-28).

II

A HISTÓRIA CRONISTA

Logo depois da História Deuteronomista, a Sagrada Escritura apresenta um outro grupo de quatro livros históricos chamado de História Cronista. Fazem parte desse grupo os dois Livros das Crônicas, Esdras e Neemias. Esses livros abrangem o espaço de tempo que vai da criação de Adão até a época posterior ao exílio no tempo de Esdras e Neemias. Essa grande obra foi composta no final do século IV e início do século III a.C. Trata-se de um dos períodos menos conhecidos da história de Israel.

Em 538 a.C. os judeus retornaram do exílio na Babilônia. Mas, ainda continuavam sob o domínio dos persas. Estavam privados da independência política, mas possuíam uma certa autonomia religiosa. Não havia mais reis da Dinastia de Davi. Os líderes nesse tempo eram os sacerdotes, em especial o sumo sacerdote. O Templo, reconstruído em 515 a.C., era o centro de toda vida nacional.

É nesse contexto que um sacerdote, ou mais provavelmente um levita de Jerusalém, compôs essa grandiosa obra. É possível que os quatro livros atuais formassem no início um único livro. Por isso esses livros foram denominados História Cronista.

Não sabemos quando aconteceu a divisão em quatro livros.

OS LIVROS DAS CRÔNICAS

Na Bíblia hebraica esses dois livros são chamados "Fatos dos dias", ou seja, anais ou crônicas. A tradução grega (dos Setenta) deu-lhes o nome de "Paralipômenos A e B". A palavra grega "Paralipônemos" significa aquilo que foi colocado à parte, ao lado. Pode-se entender também como as "coisas que foram omitidas". Assim, os livros das Crônicas narrariam fatos omitidos nos livros de Samuel e dos Reis. A tradução latina da Vulgata manteve o título grego "Paralipômena" (no plural). A denominação atual de "Crônicas" deriva de São Jerônimo, que deu a esses livros o título de "crônicas de toda história divina".

Originalmente, os dois livros formavam um único volume e, como já mencionamos, provavelmente compreendiam também os livros de Esdras e Neemias. Foram os tradutores gregos que dividiram o texto em dois volumes. Essa divisão foi assumida pela Vulgata e passou para todas as traduções da Bíblia. No início do século XVI a Bíblia hebraica também adotou a divisão em dois livros.

No cânon hebraico os Livros das Crônicas ocupam o último lugar entre os Escritos, depois de Esdras e Neemias. Ao contrário, a Bíblia grega, que segue a ordem cronológica da histórica, colocou os livros entre os Históricos, logo após os Livros dos Reis. Essa ordem foi mantida na tradução latina e hoje é adotada por todas as versões em português, com exceção da TEB (Tradução Ecumênica da Bíblia), que segue a ordem da Bíblia hebraica.

Conteúdo e divisão

Os dois livros podem ser divididos em quatro partes bem distintas:

1ª Parte – A pré-história da Dinastia de Davi (1Cr 1–9)

Através de genealogias interrompidas de tanto em tanto por breves notas históricas, o autor, partindo de Adão, chega até Saul, o primeiro rei de Israel. Entre os filhos de Jacó, Judá, Levi e Benjamim ocupam lugar privilegiado. Judá ocupa o primeiro lugar por ser o patriarca do qual descende Davi. E Levi, por ser o pai dos sacerdotes e levitas e, sem dúvida, o autor pertence a essa tribo; e Benjamim, porque Jerusalém, capital do reino de Davi, estava situada em seu território.

2ª Parte – O reino de Davi (1Cr 10–29)

Após a morte de Saul (1Cr 10), Davi foi ungido rei em Hebrone logo depois, com guerreiros de todas as tribos de Israel, tomou a cidade de Jerusalém (11–12). Após construir seu palácio na cidade, Davi transportou a Arca da Aliança de Cariat-Iarim para Jerusalém (13–16). Por intermédio do profeta Natã, Deus lhe prometeu a perpetuidade da sua dinastia no trono de Judá (1Cr 17).

Depois de vencer todos os seus inimigos (18-20), Davi dedicou-se exclusivamente a organizar o futuro Templo. Comprou a área onde seria construído e iniciou os preparativos (21-22). Organizou todos os levitas, sacerdotes, cantores, porteiros e guardas do Templo (23–26). Preocupou-se com a organização civil e militar do reino (27–28) e designou seu filho Salomão como seu legítimo sucessor (1Cr 29).

3ª Parte – O reino de Salomão (2Cr 1–9)

Salomão é apresentado como um rei sábio e rico (2Cr 1). Sua maior obra foi a construção do Templo (2–4). Quando a Arca da Aliança foi introduzida no Santo dos Santos, Deus tomou posse de seu Templo (2Cr 5) e Salomão procedeu a solene dedicação do Santuário (6–7). O livro recorda ainda outras construções de Salomão, a visita da rainha de Sabá e sua grande riqueza (8–9).

4ª Parte – A história dos reis de Judá até o exílio (2Cr 10–36)

Ao contrário da História Deuteronomista, o Cronista narra apenas a história dos reis de Judá. O autor eliminou conscientemente a história do reino de Israel. O único povo de Deus é o reino de Judá, governado pela Dinastia de Davi.

Os dezenove reis de Judá são avaliados e julgados por suas relações com o Templo. Por essa razão o autor dá importância aos reis Asa, Josafá, Ezequias e Josias, que tiveram um bom relacionamento com o culto e o Templo (10–35). Depois de fornecer breves notícias sobre os últimos reis de Judá, o autor narra a destruição de Jerusalém por Nabucodonosor, rei da Babilônia. A destruição da cidade é atribuída à infidelidade dos reis, sacerdotes e de todo o povo (2Cr 36).

O livro termina com a citação do decreto de Ciro, rei da Pérsia, permitindo o retorno do exílio (36,22-23).

Os Livros das Crônicas e os Livros dos Reis

À primeira vista, os dois Livros das Crônicas parecem ser uma duplicata dos livros dos Reis pelo fato de narrarem outra vez a história de Davi, Salomão e dos reis de Judá. Sem dúvida, os livros de Samuel e dos Reis são uma de suas fontes. Porém, não se trata de uma repetição. Seu objetivo é diferente. Como o Deuteronomista, também o Cronista não se propõe a fazer história, mas teologia. Todas as genealogias narradas em 1Cr 1–9 têm como objetivo ressaltar as tribos de Judá, Levi e Benjamim. Não se narra nada sobre o êxodo, a aliança, o tempo dos juízes e Samuel. Do reino de Saul, menciona apenas seu fim trágico.

Para exaltar as figuras de Davi e Salomão, o Cronista eliminou todos os relatos dos Livros dos Reis que podiam influir negativamente sobre eles. Assim, na história de Davi, o Cronista não menciona o relacionamento tumultuado de Davi com Saul (1Sm 16–31); os sete anos como rei somente de Judá (2Sm 1–4); suas culpas, como o adultério com Betsabeia e o assassinato de seu marido Urias (2Sm 11); seus problemas familiares com seu filho Absalão (2Sm 15ss.); as intrigas da corte que levaram Salomão ao poder (1Rs 1–2). Da história de Salomão, o Cronista eliminou, sobretudo, seus matrimônios com mulheres estrangeiras e a idolatria delas (1Rs 11).

Os reinados de Davi e Salomão são descritos em função da construção do Templo. Antes de iniciar a construção de seu palácio, Davi foi buscar a Arca em Cariat-Iarim (1Cr 13). Em 2Sm 5–6 a ordem dos fatos está invertida. Davi construiu primeiro o palácio real e depois se preocupou com a construção do Templo para abrigar a Arca da Aliança. Os Livros de Samuel e Reis não mencionam os grandes preparativos de Davi para a construção do Templo (1Cr 22–26).

Após a morte de Salomão, o Cronista se interessa apenas pelo reino de Judá. Ignora completamente o reino de Israel "que se revoltou contra a casa de Davi, até hoje" (2Cr 10,18). Nem sequer menciona sua destruição em 722 a.C.

Na história dos reis de Judá (2Cr 10–36) os fatos são modificados para ressaltar o princípio da retribuição: a fidelidade a Deus traz a bênção e a prosperidade; a infidelidade conduz à morte e à perda da Terra Prometida. Por exemplo: em 2Rs 21, o rei Manassés é descrito como um idólatra. Mas para o Cronista era impossível que um rei ímpio tivesse reinado por tanto tempo (cinquenta e cinco anos). Por isso, ele narrou uma deportação de Manassés para a Babilônia por causa de sua idolatria; sua conversão e a consequente libertação e retorno para Judá (2Cr 33,11-18). Seu longo reinado seria a recompensa divina por sua conversão.

A morte do santo rei Josias em uma batalha é atribuída a sua desobediência à Palavra de Deus (2Cr 35,22-24). Suas vitórias são frutos da oração (2Cr 20,1-30). A palavra dos profetas dá o sentido religioso dos acontecimentos (2Cr 12,5-8; 16,7-10; 20,37).

Mensagem

O ponto central de toda essa obra é o Templo de Jerusalém. O primeiro Templo foi idealizado por Davi. Ele não foi seu construtor, mas adquiriu o lugar onde seria construído, fez os projetos, comprou os materiais (1Cr 22; 28–29) e também organizou todo o culto litúrgico (1Cr 23–26). A construção do Templo toma praticamente todo o reinado de Salomão.

Por ser o construtor do Templo, Salomão é apresentado como um rei ideal. Por isso, o Cronista omitiu todos os pecados, seja da história de Davi como de Salomão. Também os outros reis são julgados a partir de suas relações com o Templo. O autor dedica especial atenção àqueles reis que restauraram o Templo ou o culto, ou realizaram reformas religiosas, combatendo a idolatria e o culto prestados em outros lugares do país. De todo o pessoal que trabalhava no Templo, o Cronista valorizou os levitas, sobretudo os levitas cantores. Eles são equiparados aos sacerdotes e, inclusive, acompanhavam os exércitos nas batalhas (2Cr 20,3-29).

Jerusalém é a cidade santa por ser o lugar do Templo. Ora, Jerusalém era a capital do antigo reino de Judá, onde reinou a Dinastia de Davi. Por essa razão, para o autor o único verdadeiro povo de Deus são os repatriados do reino de Judá. Desde o momento em que as dez tribos do norte se separaram de Judá para formar o reino de Israel, elas abandonaram a escolha divina e não faziam mais parte da Aliança. Por isso, o Cronista não narra a história do reino de Israel como o fez a História Deuteronomista.

Talvez a grande preocupação do autor ao compor sua obra era a unidade religiosa do povo. Sabemos que muitos judeus não retornaram do exílio depois do edito de Ciro, em 539 a.C., preferindo permanecer na Babilônia para onde tinham sido levados em 587 a.C. Também surgiram novas colônias judias em muitos países, sobretudo no Egito. Valorizando o Templo de Jerusalém, o autor combate os samaritanos que adoravam Deus no Templo construído no monte Garizim e os judeus do Egito que edificaram templos em Elefantina e Leontópolis.

2
OS LIVROS DE ESDRAS E NEEMIAS

Os Livros de Esdras e Neemias formavam originalmente um só livro, denominado na Bíblia hebraica de Ezra. Na Bíblia grega (LXX) formavam o Segundo Livro de Esdras, pois havia um Primeiro Livro de Esdras, hoje considerado apócrifo. É difícil saber quando foi introduzida a divisão atual em dois livros. Muitas versões latinas, anteriores a São Jerônimo, já usavam essa divisão.

Ao fazer a tradução latina da Vulgata, São Jerônimo manteve a divisão em dois livros, chamando-os de Primeiro Livro de Esdras (Esdras) e Segundo Livro de Esdras que corresponde ao atual Livro de Neemias. Provavelmente a divisão teve como ponto de partida a frase de Ne 1,1: *"História de Neemias, filho de Hacalias"*, que sugere o início de uma nova sessão distinta da precedente que reunia as memórias de Esdras.

A divisão em dois livros foi posteriormente adotada pelas versões gregas com os nomes de Segundo Livro de Esdras (Esdras) e Terceiro Livro de Esdras (Neemias), pois havia o Primeiro Livro e o Quarto Livro de Esdras, ambos apócrifos. E a partir do século XV também a Bíblia hebraica adotou essa divisão em dois livros. Atualmente todas as traduções modernas mantêm essa divisão. Mas na realidade os dois livros formam uma única obra e assim devem ser lidos e estudados.

Conteúdo e cronologia

Os dois livros se inserem nos primeiros cento e cinquenta anos do império persa e descrevem, de modo fragmentário, o retorno dos exilados, a reconstrução de Jerusalém e do Templo e o surgimento da nova comunidade judaica.

Em 587 a.C., Nabucodonosor, rei da Babilônia, conquistou o reino de Judá, destruiu Jerusalém, incendiou o Templo, elevou para a Babilônia a maior parte dos habitantes.

Em 539 a.C. Ciro, rei da Pérsia, derrotou os babilônios criando o império persa e no ano seguinte permitiu aos judeus exilados retornar para a Judeia e reconstruir o Templo.

A primeira caravana de exilados partiu ainda em 538 para Judeia sob a liderança de Sasabassar, príncipe da Dinastia de Davi. Administrativamente, Jerusalém estava sob o poder da prefeitura da Samaria. Ora, os samaritanos não concordavam com a reconstrução do Templo, temendo a supremacia de Jerusalém. Mas os repatriados, com muito custo, conseguiram reconstruir o altar dos holocaustos do Templo. Sasabassar desaparece de cena sem maiores detalhes.

Em 520 a.C. Zorobabel, príncipe da Dinastia de Davi e o sacerdote Josué, amparados pelos profetas Ageu (cf. Ag 1,1–2,10) e Zacarias (cf. Zc 1,16; 4,8-10), iniciaram a reconstrução do Templo, que foi consagrado em 515 a.C. Este fato reacendeu a esperança dos judeus, mas também aumentou a hostilidade com os samaritanos.

Em 445 a.C. Neemias, um judeu, alto funcionário da corte persa, recebeu de Artaxerxes I (464-424 a.C.) a permissão para reedificar as muralhas de Jerusalém. Neemias permaneceu na Judeia por doze anos, retornando para a Pérsia em 433 a.C. Algum tempo depois voltou pela segunda vez para Jerusalém e tomou severas medidas reformadoras (cf. Ne 13).

Esdras, um escriba encarregado dos assuntos judaicos junto à corte persa de Artaxerxes II (404-359), chegou a Jerusalém, segundo alguns em 398 a.C. (sétimo ano de Artaxerxes II), e segundo outros em 428 a.C. (trigésimo sétimo ano de Artaxerxes I). Enquanto Neemias se preocupou com a reconstrução política da Judeia, Esdras se ateve à reforma religiosa. Elevou a Lei de Moisés (Torá) à categoria de constituição da comunidade judaica. A leitura pública da Lei e sua solene promulgação (cf. Ne 8) marcam o nascimento do judaísmo, uma nova sociedade teocrática.

> A maioria dos biblistas considera que o livro lido solenemente por Esdras é o Pentateuco, ou ao menos suas partes legislativas.

Os últimos atos de Esdras e Neemias descritos nos livros datam do sétimo ano de Artaxerxes II, isto é, do ano 397 a.C. (Esd 10,9.16-17). O problema da cronologia das missões de Esdras e Neemias é dos mais complicados da história de Israel. Segundo os dados dos dois livros a cronologia seria a seguinte:

- Esdras chegou a Jerusalém no sétimo ano de Artaxerxes I, isto é, em 459 a.C. (Esd 7,7).

- Neemias chegou em Jerusalém no vigésimo ano do mesmo rei, ou seja, em 445 a.C. (Ne 2,1) e permaneceu na cidade até o trigésimo segundo ano de Artaxerxes I, isto é, até 433 a.C. (Ne 13,6).

- Neemias retornou para Jerusalém durante o reinado de Artaxerxes I, o mais tardar em 422 a.C. (Ne 13,7).

Muitos autores admitem que essa cronologia não é exata. O escritor sagrado para ressaltar a primazia da reforma religiosa sobre a política, teria colocado a missão de Esdras antes da missão de Neemias. No intuito de solucionar o problema, alguns autores propõem modificar o texto de Esd 7,7-8, corrigindo o "sétimo ano" por "trigésimo sétimo ano do rei Artaxerxes". Assim, a missão de Esdras seria colocada entre as duas missões de Neemias. A cronologia seria a seguinte:

- Neemias teria chegado a Jerusalém em 445 a.C. e permanecido até 433 a.C.
- Esdras teria chegado em 428 a.C. (trigésimo sétimo ano de Artaxerxes I).
- Neemias retornou a Jerusalém, o mais tardar, em 424 a.C.

Outros autores preferem manter a leitura de "sétimo ano", mas do reinado de Artaxerxes II (398 a.C.) e não de seu antecessor Artaxerxes I (459 a.C.). Nesse caso, Esdras e Neemias estiveram algum tempo juntos em Jerusalém. Neemias teria chegado em Jerusalém em 445 a.C. e permanecido até 433 a.C. Voltou uma segunda vez, sempre no reinado de Artaxerxes I. No entanto, Esdras teria chegado em 398 a.C., no sétimo ano de Artaxerxes II. Como se pode perceber, a dificuldade está em datar exatamente a chegada de Esdras em Jerusalém. As datas referentes a Neemias parecem ser exatas.

Divisão

Podemos dividir os livros de Esdras e Neemias em quatro partes:

1ª Parte – O retorno e reconstrução do Templo (Esd 1–6)

Decreto de Ciro permitindo a volta dos exilados (Esd 1); listados primeiros repatriados (Esd 2); reedificação e consagração do Templo (3–6).

2ª Parte – A reforma religiosa de Esdras (Esd 7–10)

Esdras chegou com novos repatriados (7–8); iniciou uma série de reformas religiosas: os casamentos com estrangeiras (9–10).

3ª Parte – A primeira atividade de Neemias (Ne 1–10)

Reconstrução dos muros de Jerusalém (1–7); a promulgação da Lei (8–10).

4ª Parte – A segunda atividade de Neemias (Ne 11–13)

Repovoamento de Jerusalém (Ne 11); a consagração das muralhas (Ne 12); e as últimas medidas reformadoras (Ne 13).

Mensagem

Os livros de Esdras e Neemias são a continuação lógica dos livros das Crônicas. Ao trazer seu povo de volta do exílio na Babilônia, Deus mostrou sua fidelidade na promessa de dar a terra aos descendentes de Abraão. Esdras e Neemias foram os instrumentos de Deus na reconstrução do povo judeu.

Para o autor, os pontos principais são: a reconstrução do Templo, a reedificação de Jerusalém e, sobretudo, o restabelecimento da Lei. Para o Cronista, o fator de unidade dos judeus espalhados por várias nações é a Lei de Deus lida e promulgada por Esdras. Lei que exige a unicidade de Deus e de seu culto no Templo de Jerusalém.

III

A HISTÓRIA DOS MACABEUS

A Bíblia católica coloca entre os Livros Históricos o Primeiro e o Segundo livros dos Macabeus. Não se trata de um único livro dividido em duas partes, como os livros de Samuel, Reis e Crônicas. Mas são dois livros independentes entre si, tendo em comum apenas o momento histórico que descrevem: a revolta dos judeus contra os sírios, conhecida como revolta dos Macabeus.

O título não parece ser o original, mas foi usado a partir do século II d.C. Alguns escritores antigos citaram esses livros com o nome de "Livros das façanhas macabeias". O título não traduz exatamente o conteúdo dos dois livros, pois "Macabeu" era o apelido dado apenas a Judas, o terceiro filho do sacerdote Matatias e principal herói na luta contra Antíoco IV, rei da Síria. Com o passar do tempo, o apelido "Macabeu" foi aplicado a todos os irmãos de Judas, inclusive a seu pai, Matatias. De fato, a família do sacerdote Matatias, com seus filhos João, Simão Judas e Jônatas, é conhecida como os "Asmoneus". Eram originários da cidade de Asmona. Mais tarde se falará da Dinastia dos Asmoneus. Hoje usamos esse termo para indicar tanto a revolta liderada por Matatias e seus filhos, como os livros que narram esse episódio.

"Macabeu" é uma palavra aramaica que significa martelo. Não sabemos porque Judas recebeu esse apelido. Para alguns, o apelido vem do valor militar de Judas, que como um martelo esmagou seus adversários (1Mc 2,48). Outros dizem que Judas tinha a cabeça um tanto alongada que lembrava a forma de um martelo. Existem quatro livros sob o título de "Macabeus". Mas apenas os dois primeiros foram aceitos pela Igreja como canônicos, isto é, inspirados. O terceiro e o quarto são considerados apócrifos.

Os livros 1 e 2Macabeus não fazem parte da Bíblia hebraica, mas foram acrescentados na Bíblia grega (dos Setenta). Foram aceitos na Igreja Católica depois de muita discussão. Por isso, são considerados "deuterocanônicos". Em todas as traduções da Bíblia em português são colocados logo depois do Livro de Ester, fechando os Livros Históricos. Mas na TEB (Tradução Ecumênica da Bíblia) estão entre os deuterocanônicos, no final do Antigo Testamento.

O terceiro Livro dos Macabeus foi escrito em Alexandria, Egito, provavelmente no final do século I a.C. Narra a perseguição do faraó do Egito, Ptolomeu IV (222-205), contra os judeus. Para vingar-se de ter sido impedido de entrar no Templo de Jerusalém, o faraó teria perseguido os judeus de Alexandria e fechado suas vítimas no hipódromo para serem esmagadas por quinhentos elefantes embriagados. Os animais, porém, teriam se voltado contra os próprios soldados egípcios.

O quarto livro dos Macabeus, escrito no final do século I d.C. é uma paráfrase de 2Mc 3; 6 e 7, narra a história do sumo sacerdote Onias que corajosamente se opõe ao general sírio, Apolônio, que queria roubar os tesouros do Templo; narra também a morte de Eleazar e o martírio de uma mãe judia com seus sete filhos que preferem morrer a desobedecer aos mandamentos e renegar sua fé.

Contexto histórico

Em 334 a.C., Alexandre Magno, rei da Macedônia, derrotou Dario III, rei dos persas, e iniciou a conquista de todo o Oriente antigo. Em 332, Alexandre já tinha se apossado de toda a Palestina e chegado até o Egito. Em 331, iniciou a conquista da Mesopotâmia. Em poucos anos, Alexandre tornou-se o senhor de todos os reinos do antigo Oriente Próximo. Porém, seu império era muito frágil, baseado apenas na sua liderança. Contudo, a instabilidade política era compensada pela unidade cultural. Todos os povos conquistados por Alexandre adotaram a língua e a cultura grega. Em Israel, houve fortes reações contra o modo de viver grego, embora houvesse também partidários e simpatizantes.

Alexandre morreu prematuramente em 323 a.C. aos trinta e três anos de idade. Seu vasto império, depois de muitas lutas, foi dividido entre seus grandes generais, chamados "diádocos". Surgiram, então, quatro impérios dominados por outras tantas dinastias:

- Os selêucidas, descendentes de Seleuco I, dominaram a Ásia Menor, chamada então Celesíria, e a Mesopotâmia.
- Os lágidas, sucessores de Ptolomeu I, filho de Lagos, reinaram no Egito.
- Os antigônidas, descendentes de Antígono, o Vesgo, dominaram a Macedônia e parte da costa da Grécia.
- Filetairos iniciou na cidade de Pérgamo a Dinastia dos atálidas.

A Palestina ficou sob o domínio dos lágidas, mas os selêucidas sempre cobiçaram a região e tentaram ocupá-la com numerosas guerras. Os lágidas sempre trataram bem os judeus, respeitando sua religião e favorecendo sua imigração para Alexandria. A Judeia teve um período de certa prosperidade entre 331 e 198 a.C.

Em 198 a.C., o rei selêucida, Antíoco III, que sonhava em reconstruir o grande império de Alexandre Magno, conseguiu tomar a Palestina. A princípio, foi muito benévolo com os judeus, que o tinham apoiado contra os lágidas, dando-lhes um governo autônomo e assegurando a inviolabilidade do Templo de Jerusalém. As pretensões de Antíoco III terminaram na batalha de Magnésia, onde foi derrotado pelos romanos, que lhe impuseram ainda um pesado tributo. Iniciou-se, então, no reino selêucida uma busca desenfreada por dinheiro.

O filho de Antíoco III, Seleuco IV (187-175 a.C.) a princípio, continuou a política do pai. Mas, em 180 a.C., tentou roubar os tesouros do Templo de Jerusalém para pagar o alto tributo que os romanos tinham imposto a seu pai (2Mc 3,4-40). Seleuco IV foi assassinado por seu ministro Heliodoro.

Depois de um período bastante confuso, o irmão mais novo de Seleuco tomou o poder com o nome de Antíoco IV Epífanes (175-164 a.C.). Educado em Roma, e tendo vivido muito tempo em Atenas, onde chegou a ocupar o cargo de prefeito, Antíoco era um homem ambicioso e tinha o firme propósito de helenizar seu reino, a começar pela Judeia. Para isso, contava com o apoio de um grupo de judeus favorável à cultura grega, entre eles, um certo Josué, que adotou o nome grego de Jasão. Com a intenção de ocupar o lugar de seu irmão, o sumo sacerdote Onias III, Jasão se propôs a ajudar Antíoco e lhe ofereceu uma grande soma de dinheiro. Uma vez declarado sumo sacerdote, Jasão se propôs a helenizar Jerusalém. Construiu um ginásio perto do Templo e introduziu os costumes gregos no país.

Em 172 a.C., Jasão foi substituído por Menelau, que era sacerdote, mas não da família de Sadoc da qual provinham por hereditariedade todos os sumos sacerdotes. Era um homem tirano e sem escrúpulos (2Mc 4,25).

Em 169 a.C., Antíoco IV declarou guerra ao Egito, mas foi impedido pelos romanos de entrar em Alexandria. Espalhou-se, então, uma notícia falsa anunciando sua morte, e surgiram as primeiras tentativas de revolta entre os judeus. Antíoco IV, voltando do Egito, saqueou o Templo, destruiu os muros de Jerusalém, matou e escravizou muitos judeus (1Mc 1,29-32; 2Mc 5,24-26). Construiu em Jerusalém uma fortaleza que era chamada de Acra.

Em 167 a.C. Antíoco IV profanou o Templo, mandando construir sobre o altar dos holocaustos uma estátua de Zeus Olímpico. Esse episódio foi chamado de "abominação da desolação" (1Mc 1,54). Impôs o uso da língua grega, proibiu a leitura das Escrituras Sagradas e a circuncisão, ameaçando de morte quem desobedecesse (1Mc 1,41-64).

Em todas as cidades foram construídos altares onde se queimava incenso em honra aos deuses gregos. Todos os judeus eram obrigados a oferecer sacrifícios aos ídolos. Quem se recusava era considerado rebelde e condenado à morte. Era o início da perseguição religiosa durante a qual muitos judeus preferiram morrer a apostar, e outros fugiram para o deserto, dando início à resistência.

A revolta propriamente dita começou quando Matatias, sacerdote de Modin, uma pequena cidade a nordeste de Jerusalém, matou o oficial do rei e um judeu que se preparava para oferecer um sacrifício aos ídolos gregos e destruiu o altar pagão (1Mc 2,15s.). Matatias e seus cinco filhos, João, Simão, Judas, Eleazar e Jônatas, fugiram para o deserto e iniciaram a guerrilha contra os selêucidas.

O número dos revoltosos foi aumentando sempre mais, a ponto de se tornar um exército. Com a morte de Matatias, em 166 a.C., seu terceiro filho, Judas, apelidado de Macabeu, assumiu a revolta e conseguiu tomar Jerusalém em dezembro de 164 a.C. Iniciou a reconstrução política e religiosa do país e purificou o Templo. Mas ossírios ainda resistiam na fortaleza Acra. Nesse meio tempo, Antíoco IV morreu e iniciou-se na Síria uma luta pelo poder. Seu filho, Antíoco V, conseguiu ocupar seu lugar no poder, mas logo foi assassinado por seu primo Demétrio I.

Judas e seus irmãos João e Eleazar morreram em 160 a.C. Jônatas assumiu o comando. Porém, dezoito meses depois, morreu assassinado. Simão, o último filho de Matatias, tornou-se o chefe dos revoltosos e, aproveitando-se das brigas entre os vários pretendentes ao trono da Síria, conseguiu a independência em 141 a.C. Graças à fidelidade e à coragem de Matatias e de seus filhos, a Judeia, que desde 587 a C. fora ocupada por várias potências, era novamente uma nação livre.

Simão morreu assassinado em 134 a.C. e seu filho, João Hircano (134-104 a.C.) o sucedeu, dando início à Dinastia dos asmoneus que durou até 63 a.C. quando o general romano, Pompeu, invadiu a Palestina e tomou Jerusalém. Toda a região foi anexada à Província Romana da Síria. Os asmoneus perderam todo o poder político, mas continuaram como sumo sacerdotes. Em dezembro do ano 40 a.C., o senado romano nomeou o idumeu Herodes rei dos judeus.

1
O PRIMEIRO LIVRO DOS MACABEUS

O Primeiro Livro dos Macabeus abrange um período de quarenta anos, entre a subida ao trono da Síria de Antíoco IV da Dinastia selêucida (175 a.C.) e a morte de Simão, último dos Macabeus (134 a.C.). Embora o livro tenha sido conservado apenas em grego, sabemos que foi originalmente composto em hebraico. São Jerônimo, por ocasião da tradução latina da Vulgata, afirmou ter encontrado um exemplar em hebraico. Para o desaparecimento do texto original existem algumas explicações:

- Alguns autores atribuem o fato aos fariseus, que para vingar-se de Alexandre Janeu, neto de Simão Macabeu, que se opusera e perseguira sua seita, desapareceram, como no livro que elogiava a Dinastia dos asmoneus.
- Para outros, a razão está nos escribas que, reunidos em Janmia, no final do primeiro século, ao fazer o cânon (lista) dos livros sagrados dos judeus, rejeitaram todas as obras escritas depois do livro do profeta Daniel.

Autor e data

O autor é anônimo, como acontece com todos os Livros Históricos. Apenas podemos supor que era um judeu que conhecia muito bem a história dos macabeus e tinha fácil acesso à documentação oficial. Alguns pensam que teria sido um saduceu.

Quanto à data de composição, não pode ter sido anterior a 134 a.C., pois o último capítulo narra a morte de Simão que ocorreu nesse ano (1Mc 6,23-24), nem posterior ao ano 63 a.C., quando as legiões romanas, sob o comando do general Pompeu, ocuparam Jerusalém e profanaram o Templo. Assim, seria difícil explicar a admiração do autor pelos romanos. A data mais provável de composição do texto é pelo ano 100 a.C. Quanto à tradução grega, a partir da qual foram feitas as traduções para as outras línguas, deve ter sido realizada no Egito durante o século I a.C.

Divisão

Seguindo as façanhas dos três líderes da revolta, é possível dividir o livro em três partes, precedidas de uma introdução na qual o autor descreve os antecedentes históricos e religiosos da revolta dos macabeus. No primeiro capítulo descreve a impiedade dos gregos e, no segundo, a resistência dos judeus. As partes estão assim dispostas:

- Introdução (1,1–2,70).
- Primeira parte: (3,1–9,22) – Judas Macabeu (166–160 a.C.).
- Segunda parte: (9,23–12,54) – Jônatas (160–142 a.C.).
- Terceira parte: (13,1–16,24) – Simão (142–134 a.C.).

Mensagem

Para o autor, a revolta liderada pelos Macabeus não é uma simples guerra de libertação político-religiosa do domínio estrangeiro. É, sim, uma guerra santa para preservar a Lei de Moisés. Os selêucidas queriam acabar com o monoteísmo e com todas as tradições judaicas e não apenas ocupar politicamente a Judeia. Matatias e seus filhos lutam pela Lei e pelo Templo. O autor se inspira na teologia do Deuteronômio e, ao contrário dos outros Livros Históricos, não narra intervenções sobrenaturais e milagrosas. Deus parece estar um pouco distante. Tudo é decidido pelo chefe militar. Mas nota-se um grande respeito pelos Livros Sagrados e, sobretudo, pelo Templo.

Matatias parece um novo Fineias (Nm 25) e Judas, Jônatas e Simão são novos "Juízes" suscitados e apoiados por Deus para salvar seu povo do domínio grego. Podemos dizer que o livro é um canto de vitória dos judeus que lutaram por sua identidade e independência com o heroísmo de seus mártires e a audácia de seus guerreiros. A identidade nacional é a fidelidade às tradições patriarcais e à Lei Mosaica.

2 — O SEGUNDO LIVRO DOS MACABEUS

O Segundo Livro dos Macabeus, não obstante o número progressivo, não é a continuação do Primeiro Livro dos Macabeus. É uma obra independente, que narra apenas uma pequena parte dos acontecimentos descritos no primeiro livro. Compreendendo um período de tempo de apenas quinze anos, entre a morte de Seleuco IV, antecessor de Antíoco IV, em 175 a.C., e a vitória de Judas Macabeu sobre Nicanor, general de Demétrio I, em 160 a.C.

Autor e data

Segundo o próprio autor, o livro é um resumo da obra de um certo Jasão de Cirene, composta de cinco livros (2Mc 2,23). Não conhecemos absolutamente nada sobre Jasão, a não ser que era um judeu originário da cidade de Cirene, na África. Provavelmente vivia em Jerusalém, onde os cirineus sempre foram numerosos (At 2,10; 6,9; 11,20). Sua obra é completamente desconhecida. Provavelmente compreendia um período de tempo muito maior que os quinze anos a que nos referimos anteriormente, descrevendo não só os atos de Judas Macabeu, mas também de seus irmãos (2,19-23).

Quanto ao autor, ou compilador do Segundo Macabeus, também não sabemos nada. Certamente não vivia em Jerusalém, pois escreveu seu livro em grego. Entende-se isto pelo fato de começar sua obra com duas cartas, enviadas aos judeus de Alexandria do Egito, supondo-se, assim, que vivesse nessa cidade e que ali tenha escrito seu livro. Ainda, alguns autores pensam ser ele um fariseu, tomando por base as suas ideias sobre a ressurreição (2Mc 7), a eficácia da oração pelos mortos (12,43-45) e a intervenção de seres celestes na vida dos homens.

Quanto à data de composição, propõe-se o final do século II a.C. depois de 124 a.C., data da primeira carta transcrita pelo autor no início do livro (1,10). Aqui vale ressaltar que, normalmente, as diversas traduções da Bíblia, em 2Mc 1,10, indicam que o ano 188 a.C. da era selêucida corresponde ao ano 124 a.C.

Conteúdo e divisão

O Segundo Livro de Macabeus pode ser dividido em seis partes distintas:

1ª Parte – Introdução (2Mc 1,1–2,18)

O livro começa com o texto de duas cartas (1,1-10a e 1,10b-2,18) enviadas pelos judeus de Jerusalém aos judeus residentes no Egito, convidando-os para celebrar a festa da "Hanukka", ou seja, da Dedicação (ou purificação) do Templo que fora profanado por Antíoco IV em 167 a.C.

2ª Parte – Prólogo (2Mc 2,19-32)

O autor expõe o conteúdo dos cinco livros de Jasão de Cirene, seu objetivo e os critérios usados na sua síntese.

3ª Parte – Os antecedentes da perseguição (2Mc 3,1–5,27)

Em 176 a.C., Seleuco IV recebeu uma falsa denúncia de um certo Simão, tesoureiro do Templo de Jerusalém, e enviou seu ministro, Heliodoro, para confiscar os tesouros do Templo. Mas esse foi impedido de entrar no Templo por seres misteriosos que o deixaram gravemente ferido. Graças às orações do sumo sacerdote Onias III, Heliodoro recuperou a saúde e retornou para Antioquia (3,1-40).

Novas intrigas obrigaram Onias III a viajar até Antioquia (4,1-6). Com a morte de Seleuco IV, seu irmão Antíoco IV assumiu o poder. Graças a uma grande soma de dinheiro e a promessa de helenizar Jerusalém, Jasão, irmão do sumo sacerdote Onias, assumiu o sumo sacerdócio (4,7-22). Mas três anos depois foi deposto e substituído por um certo Menelau, que mandou matar o antigo e verdadeiro sumo sacerdote Onias III (4,23-50).

Em 169 a.C., Jasão, aproveitando que Antíoco IV estava em guerra no Egito, invadiu Jerusalém e retomou o cargo de sumo sacerdote (5,1-10). As notícias das desordens na Judeia chegaram até Antíoco, que as interpretou como o início de uma revolta. Retornando do Egito, saqueou Jerusalém, e apossou-se dos tesouros do Templo. A crueldade dos funcionários selêucidas provocou um movimento de reação encabeçado por Judas Macabeu (5,11-27).

4ª Parte – A perseguição (2Mc 6,1–7,42)

Em 167 a.C., Antíoco IV suprimiu todas as leis e tradições dos judeus e introduziu na Judeia leis e costumes gregos. O Templo foi profanado e dedicado a Júpiter Olímpico; foram abolidas a prática da circuncisão e a observância do sábado. Quem desobedecesse era morto (6,1-17). Entre muitos episódios de heroísmo na defesa da fé, o autor descreveu dois: o martírio de Eleazar (6,18-30) e o de uma anônima mãe com seus sete filhos (7,1-42).

5ª Parte – A revolta judaica (2Mc 8,1–15,36)

Judas Macabeu, que tinha se retirado para o deserto, reuniu cerca de seis mil homens preparados para a guerra (8,1-7). Em 165 a.C., conseguiu derrotar o exército selêucida, comandado pelo general Nicanor (8,8-36). No outono de 164 a.C. o perseguidor Antíoco IV morreu logo após tomar conhecimento da vitória de Judas (9,1-29). Seu filho e sucessor Antíoco V era de menoridade e teve Lísias como tutor. Judas reconquistou o Templo, fez sua purificação e reativou o culto com a solene Festa da Dedicação (10,1-9).

Durante o reinado de Antíoco V (164-161 a.C.), Judas conseguiu outras importantes vitórias (cf. 2Mc 10,10-38). Depois de uma primeira vitória sobre Lísias, tutor e primeiro-ministro de Antíoco V (2Mc 11,1-38), Judas estendeu seu poder por quase toda Palestina e interveio na Transjordânia para socorrer os judeus (2Mc 12,1-45). Numa segunda batalha, Lísias levou a melhor, mas teve que voltar apressadamente para Antioquia por causa de uma revolta (2Mc 13,1-26).

Em 161 a.C. Antíoco V e seu tutor Lísias foram eliminados por Demétrio I, filho de Seleuco IV. Por instigação do sumo sacerdote Alcimo, que tinha tomado o lugar de Menelau, Demétrio I retomou a perseguição aos judeus e confiou o comando a seu general Nicanor (14,1-14), o mesmo que Judas já tinha derrotado anteriormente (2Mc 8,8-36). Depois da derrota na primeira batalha, Nicanor fez um tratado de paz com Judas (14,15-25). Mas, por insistência de Alcimo, rompeu o tratado e recomeçou a guerra (14,26-36). O primeiro combate aconteceu em Jerusalém com episódios de heroísmo como o de Razias, um dos anciãos de Jerusalém, que se suicidou para não cair nas mãos dos inimigos (14,37-46). A batalha final aconteceu na Samaria, onde Judas Macabeu derrotou e matou Nicanor. Sua cabeça e seu braço direito foram levados a Jerusalém como troféus. Para celebrar a vitória, foi instituído um dia de festa chamado "Dia de Nicanor" (15,1-36).

6ª Parte – Epílogo (2Mc 15,37-39)

Lembrando que Jerusalém estava em poder dos judeus, o autor se despede na certeza de ter feito um bom trabalho.

Mensagem

O livro possui a mais clara formulação do Antigo Testamento sobre a ressurreição dos mortos, a intercessão dos santos e o sufrágio pelos defuntos. A doutrina sobre a ressurreição dos mortos é colocada na boca dos sete irmãos martirizados por não oferecerem sacrifícios aos ídolos:

> *"... Tu, ó malvado, nos tiras da vida presente. Mas o rei do universo nos fará ressurgir para uma vida eterna, a nós que morremos por suas leis!" (7,9).*
> *"Estando para morrer, ele falou: É melhor para nós, entregues à morte pelos homens, esperar, da parte de Deus, que seremos ressuscitados por Ele. Para ti, porém, não haverá ressurreição para a vida!" (7,14).*

Também o ancião Razias morreu na esperança da vida eterna (cf. 2Mc 14,46). A esperança na ressurreição fez com que Judas Macabeu mandasse oferecer sacrifícios no templo de Jerusalém pelos soldados mortos durante uma batalha. O objetivo do sacrifício é pedir a expiação dos pecados dos falecidos (cf. 2Mc 12,43-45). Assim, o livro ensina a importância da oração em favor dos mortos e ressaltada a intercessão dos santos, isto é, dos que já morreram. Por isso, o autor apresenta o sacerdote Onias, já morto, orando por todo o povo judeu (15,12ss.). Há uma profunda comunhão entre os justos desse mundo e os mortos.

IV

HISTÓRIAS EDIFICANTES

Os livros de Rute, Tobias, Judite e Ester, embora colocados entre os Livros Históricos na Bíblia grega (Setenta) e na Bíblia latina (Vulgata), na realidade não são Livros Históricos, mas didáticos ou edificantes. Todavia, contêm nexo com a história real. São uma inteligente releitura da história que permite iluminar a situação presente dos leitores.

Esses livros são classificados como "Midrash". O termo "Midrash" deriva da raiz hebraica "darash", que significa procurar, no sentido de estudar, explicar. Trata-se de um gênero literário que procura fazer uma releitura atualizada de um texto bíblico ou de um episódio da história da salvação. O fato ou o texto bíblico é retomado, não com intuito histórico, mas com o objetivo didático, de ensinamento religioso para iluminar e guiar o presente. Seu objetivo é mais edificar do que contar a história.

Vejamos a ideia central de cada livro antes de iniciarmos uma abordagem mais ampla.

Rute – é um pequeno livro que narra as aventuras de uma moabita que se tornou bisavó do rei Davi.
Tobias – é um pequeno romance sapiencial, ambientado na época do exílio na Assíria, que exalta a fidelidade a Deus, mesmo nos momentos de grandes dificuldades.
Judite – a narrativa é ambientada antes do exílio, na época de Nabucodonosor, rei dos babilônios. O livro descreve como uma bela mulher, graças à sua confiança em Deus, conseguiu sozinha derrotar um exército inimigo.
Ester – descreve-se neste livro um fato da época persa que deu origem à festa de Purim.

Na Bíblia grega (dos Setenta) e na Vulgata (latina) esses quatro livros são colocados entre os Livros Históricos: Rute é colocada logo depois do Livro dos Juízes, enquanto Tobias, Judite e Ester estão entre o Livro de Neemias e o Primeiro Livro dos Macabeus.

A Bíblia hebraica contém apenas os livros de Rute e de Ester, ambos colocados na terceira parte, entre os Escritos.

O LIVRO DE RUTE

O livro recebe o nome de sua personagem principal: Rute. Trata-se de uma mulher moabita casada com um judeu e que se tornou bisavó do rei Davi. Rute pode significar, segundo alguns, companheira, e para outros, aliviar, refrescar.

Em nossas bíblias, o Livro de Rute é colocado logo depois do Livro dos Juízes devido à ambientação da história narrada (Rt 1,1). Na Bíblia hebraica, e na Tradução Ecumênica da Bíblia (TEB), Rute é colocado na terceira parte do cânon, entre os Escritos, depois do Livro dos Provérbios.

É o primeiro dos cinco rolos usados na leitura na sinagoga por ocasião das grandes celebrações. Os cinco rolos (Megillôt) são:

Rute – lido na festa de Pentecostes, que marcava o final das colheitas.
Cântico dos Cânticos – lido durante a festa da Páscoa.
Eclesiastes – usado na festa dos Tabernáculos.
Lamentações – lido no Dia da Expiação, dia de luto pela destruição de Jerusalém.
Ester – na festa de Purim.

Autor e data

A tradição judaica atribuiu o Livro de Rute ao profeta Samuel. Atualmente essa atribuição é rejeitada e se prefere falar em um autor desconhecido. Entretanto, devido ao predomínio das protagonistas mulheres, e, sobretudo pelo ponto de vista do livro, alguns autores preferem supor uma autora.

Embora a história seja ambientada no tempo dos Juízes (cf. Rt 1,1), é certo que o livro foi escrito muito tempo depois. Mas é muito difícil precisar a data de sua composição. A maioria dos biblistas prefere datá-lo no século III a.C.

Conteúdo e divisão

Podemos dividir o livro em quatro partes, ou melhor, em quatro cenas, uma para cada capítulo. Vejamos:

1ª Cena – O retorno para Belém (Rt 1,1-22)

No tempo dos Juízes, um efrateu de Belém, chamado Elimelec, partiu com sua esposa Noemi e seus dois filhos, Maalon e Quelion, para a região de Moab por causa de uma grande fome em Judá. Elimelec morreu e seus dois filhos casaram-se com duas moabitas, chamadas Orfa e Rute. Dez anos depois, Maalon e Quelion também morreram sem deixar filhos. Então Noemi, sabendo que a carestia tinha terminado em Israel, resolveu retornar para Belém. Sentindo-se incapaz de ajudar suas noras, pediu-lhes que voltassem para a casa de seus pais. Orfa aceitou a sugestão e voltou para os seus. Mas Rute decidiu permanecer com sua sogra e voltar com ela para Judá. As duas chegaram a Belém no início da colheita da cevada.

2ª Cena – A colheita (Rt 2,1-23)

Rute foi recolher as sobras da colheita no campo de um certo Booz, homem rico e poderoso, parente de seu falecido sogro. Ao vê-la, Booz a tratou muito bem, dando ordem aos empregados para não a molestarem, de deixar algumas espigas sem colher para que ela as pudesse pegar, e convidou-a para comer com seus empregados. Assim, Rute voltava para casa com grande quantidade de cevada. Informada sobre quem era o dono do campo, Noemi reconheceu em Booz um parente de seu falecido marido e que tinha o direito do levirato.

> #### A Lei do Levirato
>
> *Dt 25,5-10 prescreve que o cunhado (Levir) deve casar-se com sua cunhada após a morte de seu marido, quando esta não tiver filhos homens. A finalidade principal dessa Lei era impedir que desaparecesse o nome da família e se perdesse o direito sobre suas propriedades. Por isso, o filho que nascesse seria considerado filho e herdeiro do marido morto. O Livro do Gênesis relata o episódio do levirato entre Judá e Tamar (cf. Gn 38). Essa Lei ainda estava em vigor no tempo de Jesus* (cf. Mt 22,23-27).

3ª Cena – O noivado (Rt 3,1-18)

Noemi projetou um encontro entre Booz e Rute. Ele costumava dormir no campo na época em que se debulhavam os grãos para cuidar da colheita. Noemi instruiu Rute a deitar-se aos pés de Booz quando esse já estivesse dormindo. Foi o que Rute fez. Booz acordou durante a noite e viu uma mulher dormindo a seus pés. Rute pediu-lhe que estendesse sobre ela a barra de seu manto. Estender o manto sobre uma mulher equivalia a pedi-la em casamento.

Booz aceitou a proposta de Rute, mas lembrou-lhe que havia um outro parente mais próximo de seu sogro e que, portanto, tinha o direito de casar-se com ela. Se esse não quisesse casar, ele o faria com prazer. De madrugada, Booz encheu o manto de Rute com seis medidas de cevada e mandou-a para casa, pedindo que aguardasse sua decisão.

4ª Cena – O casamento (Rt 4,1-17)

Ao se encontrar com o anônimo parente à porta da cidade, Booz lhe propôs a compra do campo que Noemi, viúva de Elimelec, queria vender. Lembrou-lhe também que, comprando o campo, deveria tomar Rute como esposa para dar o nome de seu esposo falecido ao campo. O parente não aceitou a proposta e, diante de testemunhas, "tirou a sandália" (4,8), e a entregou a Booz. Segundo um costume antigo, tirar a sandália e dá-la a outro significava renunciar a seus direitos. Booz declarou, então, seu desejo de casar-se com Rute e assim assegurar o nome de seu marido, Maalon, sobre a herança.

Booz casou-se com Rute e teve um filho, a quem deu o nome de Obed. O livro termina lembrando que Obed foi o pai de Jessé, que gerou o rei Davi. Portanto, Obed, filho de Rute, é o avô do rei Davi.

Apêndice (Rt 4,18-22)

Apresenta uma genealogia parecida com a de 1Cr 2,5.9-15, de Farés até Davi. Essa tem o objetivo de ampliar a história de uma família na história de todo o povo. Provavelmente é um acréscimo posterior ao livro.

Mensagem

É difícil saber a intenção do autor ao escrever seu livro. Para alguns, seria um protesto contra as leis sobre casamentos mistos emanados por Esdras e Neemias. Para outros, o livro quer inculcar o dever do levirato. Outros, ainda, pensam que o livro quer apenas falar da descendência de Davi, onde entram também estrangeiros. Todavia, Rute não é um livro polêmico. A ênfase está na providência divina que, de modo misterioso, guia a história humana.

Como na história de José (cf. Gn 37–50), Deus é o principal ator. Porém, sua presença é misteriosa. O livro não apresenta intervenções sobrenaturais. Deus parece sugerir, e o homem realiza as ações. Apresenta-se como o protetor dos fracos, neste caso, de duas mulheres viúvas. Ele abençoa a terra para que produza o pão. Abençoa Noemi e Rute, dando-lhes uma descendência. Em Rute se descobre um Deus que realiza sua promessa, dando a terra e a descendência. O livro quer mostrar que Deus está presente e ativo na vida dos que lhe são fiéis.

2
O LIVRO DE TOBIAS

O livro recebe o nome de seu personagem principal, Tobias, um judeu da tribo de Neftali, que foi levado para o exílio por Salmanasar, rei dos assírios. A maioria das traduções da Bíblia prefere dar-lhe o nome de Tobit para diferenciá-lo de seu filho, chamado Tobias. Tobit, em hebraico, significa "minha bondade"; Tobias é uma abreviação de "Tobijah" que quer dizer "a bondade de Javé".

Autor e data

A partir da leitura de Tb 1,3-3,15 e 12,20 é possível supor que o livro foi escrito pelo próprio Tobit. Mas Tobit é um personagem fictício que é o protagonista e não é o autor do livro. O verdadeiro autor foi um anônimo judeu, muito devoto e grande conhecedor das Sagradas Escrituras. É difícil saber se o autor morava na Palestina ou na Diáspora (fora da Palestina). Quanto à data de composição, é provável que o livro foi escrito pelo ano 200 a.C.

Canonicidade

O texto original foi escrito em uma língua semita, em hebraico ou aramaico. São Jerônimo afirma que traduziu para o latim um texto aramaico. Nas grutas de Qumran foram encontrados quatro manuscritos do Livro de Tobias em aramaico e um em hebraico. É difícil dizer qual era a língua original.

O livro não foi aceito pelos judeus e, portanto, não se encontra na Bíblia hebraica nem na Bíblia protestante. Mas o livro consta na Bíblia grega, dita da Setenta e assim passou para a tradição latina da Vulgata. E foi considerado inspirado nos Concílios de Hipona (393) e Cartago (397 e 419) e, finalmente pelo Concílio de Trento (1546).

Conteúdo e divisão

O livro é composto por três partes:
- A primeira parte (Tb 1-4) descreve a situação dolorosa de Tobit e de Sara.
- A segunda (5-6) é centrada na figura do anjo Rafael.

- A terceira (7-12) narra o matrimônio de Tobias e Sara, o retorno de Tobias para casa e a cura da cegueira de Tobit.

Os capítulos 13 e 14 são um apêndice.

1ª Parte – Introdução: apresentação de Tobit e Sara (Tb 1–4)

O livro começa apresentando os dois principais personagens: Tobit e Sara. Tobit era um judeu piedoso da tribo de Neftali. Dava esmolas e, embora pertencendo ao reino de Israel, frequentava o Templo de Jerusalém, onde pagava o dízimo, como prescrevia a Lei de Moisés. Era casado com uma mulher da mesma tribo, chamada Ana, e tinha um filho de nome Tobias (1,1-9).

Quando o reino de Israel foi invadido pelos assírios (722 a.C.) Tobit foi levado para o exílio com sua família e grande parte de seus compatriotas, indo morar em Nínive.

Mesmo no exílio, continuou praticando escrupulosamente a Lei de Moisés. Deus recompensou sua fidelidade, fazendo-o ganhar os favores do rei Salmanasar. Tornou-se um fornecedor do palácio e viajou várias vezes para a Média (Pérsia), onde depositou uma quantia em dinheiro na casa de Gabael, na cidade de Rages.

Sua sorte mudou com a morte de Salmanasar. Seu sucessor, Senaquerib, perseguiu e matou muitos judeus. Tobit continuava praticando obras de misericórdia, inclusive sepultando às escondidas os corpos de seus irmãos judeus. Seu comportamento foi denunciado ao rei. Com medo de ser morto, fugiu. Todos os seus bens foram confiscados, restando-lhe apenas sua mulher e seu filho. Após a morte de Senaquerib, conseguiu voltar a Nínive graças à intervenção de seu parente Aicar, nomeado administrador das finanças do reino (1,9-22).

Mesmo no exílio, Tobit quis celebrar a festa de Pentecostes. Pediu a seu filho Tobias que fosse convidar algum judeu pobre para a ceia. Esse voltou dizendo que um judeu tinha sido assassinado e seu corpo estava na praça sem sepultura. Tobit foi buscar o corpo e sepultou-o secretamente. À noite, dormiu fora de casa encostado em uma parede porque, ao tocar em um cadáver, tornara-se impuro. Os estercos dos pardais caíram sobre seus olhos e ele ficou cego. Sua mulher, Ana, foi obrigada a trabalhar para sustentar a família. Além disso, ela o recriminava por suas obras de misericórdia que lhe custaram a perda dos bens materiais e da visão. Sua fé era provada e suas orações eram seu refúgio (2,1–3,6).

Distante dali, na cidade de Ecbátana, na Média, vivia Raguel, parente de Tobit. Sua filha, Sara, também era objeto de infortúnios. Era possuída por um demônio, chamado Asmodeu, que matava seus maridos na noite de núpcias. Casara-se sete vezes e os sete maridos foram mortos. Sua empregada a acusava pela morte dos maridos. Diante do infortúnio que ambos viviam, aconteceu que no mesmo dia em que Tobit elevou a Deus suas preces, Sara também fez a sua oração de súplica. Deus ouviu a oração de ambos e enviou o anjo Rafael para livrá-los de seus males (3,7-17).

Temendo a morte, Tobit deu a seu filho uma série de recomendações: sepultar seu pai, honrar sua mãe e depois sepultá-la a seu lado, observar a Lei de Deus, ajudar os pobres, casar-se com uma mulher honrada da própria tribo, pagar o salário dos empregados, ser sóbrio na bebida, pedir conselho aos sábios e perseverar na oração.

Finalmente, Tobit decidiu enviar Tobias até Rages, na Média, para recuperar o dinheiro depositado na casa de Gabael.

2ª Parte – A ação salvadora de Deus (Tb 5–6).

Tobias saiu, então, à procura de alguém que conhecesse o caminho até Rages e pudesse acompanhá-lo. Sob as aparências de um jovem chamado Azarias, filho de Ananias, o anjo Rafael se apresenta para acompanhá-lo (5,1-23). Após certificar-se sobre o jovem acompanhante de seu filho, Tobit se propõe a custear as despesas da viagem de ambos e pagar uma dracma por dia a Azarias.

Durante a viagem, perto do rio Tigre, um grande peixe atacou Tobias quando esse foi lavar-se. Com a ajuda do anjo, ele conseguiu pegar o peixe e retirou seu fel, coração e fígado. O anjo disse que o coração e o fígado do peixe queimados afastavam os demônios, e o fel era remédio para os olhos (6,1-19).

3ª Parte – O casamento de Tobias e Sara, o retorno e a cura de Tobit (7-12)

Quando chegaram a Ecbátana, na Média, hospedaram-se na casa de Raguel. Tobias quis casar-se com Sara. O anjo ensinou Tobias como manter afastado o demônio Asmodeu, que matava todos os maridos de Sara na noite de núpcias. Devia queimar o coração e o fígado do peixe que trouxeram e rezar antes da união sexual. Tobias fez como o anjo lhe ordenou e afugentou o demônio e desposou Sara (7,1–8,21). Depois foram até Gabael, onde recuperaram o dinheiro depositado por Tobit muito tempo atrás (9,1-6).

Enquanto isso, em Nínive, Tobit e Ana se preocupavam com a demora do filho e já o consideravam morto. Terminados os dias da festa de casamento, Tobias partiu de volta para casa, acompanhado de Azarias e por sua esposa Sara (cf. Tb 10,1-13).

Chegando em casa, seguindo as instruções do anjo, ungiu os olhos de seu pai com o fel do peixe, e esse recuperou a visão (11,1-21). Então, o jovem companheiro de viagem de Tobias revelou sua verdadeira identidade: ele é Rafael, um dos sete anjos que assistem os fiéis diante de Deus e fora enviado para livrar Sara do demônio que a atormentava e para curar a cegueira de Tobit (12,1-22). Logo depois o anjo Rafael desapareceu.

3ª Parte – Conclusão: o final feliz (Tb 14,1-15)

A título de conclusão, o autor menciona um salmo de agradecimento de Tobit (13,1-18) e os últimos anos de Tobit, vividos na paz e na prosperidade. Antes da queda da cidade de Nínive, ele se transferiu para a cidade de Rages, onde morreu com cento e doze anos de idade (14,1-15).

Mensagem

Embora esteja entre os Livros Históricos, Tobias não é um livro de história, mas um livro didático. É uma história inventada para transmitir uma série de ensinamentos. Seus protagonistas, sobretudo Tobit, são exemplos de *figuras-tipo* para todos os judeus que viviam na Diáspora e também para todo cristão. O livro ensina a importância e a necessidade das boas obras:

- sepultar os mortos (4,4; 14,12.13);
- dar esmolas aos pobres (1,17; 2,2-4; 4,7-11);
- fazer peregrinações ao Templo de Jerusalém (1,6; 5,14);
- pagar o dízimo (cf. Tb 1,6);
- observar as leis de pureza, abstendo-se de comer alimentos impuros (1,10-12).

Em Tb 4,12-19, o autor apresenta um catálogo de virtudes e boas obras. Não se trata de legalismo, mas, sim, de manifestar o amor a Deus na observância de seus mandamentos. Uma verdadeira vida honesta está baseada no amor a Deus e ao próximo.

A grandeza de Tobit está na fidelidade e na observância da Lei de Deus. Não importa o lugar onde se encontra a pessoa, se na própria pátria ou no estrangeiro. Mesmo se vier a sofrer males e desventuras, a fidelidade atrairá a retribuição divina. O autor ainda não conhece uma retribuição após a morte, por isso mostra como Deus recompensa os justos ainda em vida. O justo, isto é, aquele que observa fielmente os mandamentos, sempre será protegido por Deus.

O livro apresenta, também, uma reflexão sobre o papel dos anjos. Eles são instrumentos de Deus na salvação das pessoas justas. Rafael significa remédio ou cura de Deus. De fato, é um anjo que cura a cegueira de Tobit e livra Sara do domínio do demônio.

3
O LIVRO DE JUDITE

Como muitos livros da Bíblia, o Livro de Judite recebeu o nome da personagem principal da narração. Judite é uma personagem fictícia, uma mulher que personifica todos os judeus que se tornaram instrumentos de salvação nas mãos de Deus nos momentos mais dramáticos da história. Judite é o protótipo de qualquer pessoa que confia em Deus e se dispõe a ser agente da salvação de toda uma nação.

Autor e data

O autor é um judeu anônimo que escreveu seu livro na Palestina. É um grande artista e profundo conhecedor da Sagrada Escritura. O conteúdo do livro apresenta uma trama bem elaborada e progressiva. Foi escrito originalmente em hebraico. Mas, por motivos desconhecidos, só chegaram até nós as cópias em grego. Os textos hebraicos mais antigos que possuímos são do século XIV d.C.

Quanto à data em que foi escrito, vários indícios, como alusões à língua e aos costumes gregos, sugerem uma data tardia: o final do século II a.C. e o início do I a.C. É provável que tenha sido escrito na época dos Macabeus, quando se fazia necessário encorajar os judeus na luta político-religiosa contra Antíoco IV da Síria.

Conteúdo e divisão

Podemos dividir o Livro de Judite em duas grandes partes:

1ª Parte – O contexto histórico (Jt 1–7)

No décimo segundo ano de seu reinado, Nabucodonosor, rei da Assíria, decidiu atacar Arfaxad, rei da Média, em sua capital Ecbátana. Convidou muitos outros pequenos reinos do Ocidente para participar da guerra. Mas esses não atenderam ao convite (1,1-11). Depois de derrotar Arfaxad (1,12-16), Nabucodonosor resolveu punir os países que não atenderam seu convite. Nomeou Holofernes como general de seu exército e declarou guerra ao Ocidente.

A campanha de Holofernes foi vitoriosa. Um a um, todos os povos caíram em suas mãos e se tornaram vassalos da Assíria. Seus santuários foram destruídos e todos deviam render culto divino a Nabucodonosor (2,1–3,8). O exército assírio chegou, assim, à planície de Esdrelon, dentro de Israel, e ameaçava sua soberania política e religiosa (3,9).

Os judeus, que há pouco tempo tinham voltado do exílio, preparam-se para a resistência. Sob o comando do sumo sacerdote e dos anciãos, fizeram penitência, jejuns e muitas orações e fortificaram alguns pontos estratégicos, sobretudo a cidade de Betúlia (Jt 4,1-15).

Informado desses preparativos bélicos, Holofernes pediu a seus generais maiores detalhes sobre os judeus. Um amonita, chamado Aquior, fez uma explanação tendo como base a história religiosa de Israel mostrando a Holofernes que Israel era invencível quando era fiel ao seu Deus. Suas palavras suscitaram irritação no exército dos assírios (5,1-24). Aquior, condenado por Holofernes, foi amarrado e abandonado perto de Betúlia. Libertado pelos judeus e levado até a cidade, Aquior relatou aos anciãos os planos de Holofernes (6,1-21).

Logo depois, a cidade de Betúlia foi assediada pelo numeroso exército assírio. A situação era desesperadora, pois Holofernes tinha tomado a fonte de água que abastecia a cidade. Depois de trinta e quatro dias de assédio, os habitantes de Betúlia pediram a seus líderes que entregassem a cidade. Na esperança de uma intervenção divina, Ozias, um dos líderes da cidade, decidiu esperar mais cinco dias (7,1-32).

2ª Parte – A intervenção salvadora de Judite (Jt 8–16)

Judite era uma jovem viúva, bela, sábia, piedosa, honrada, corajosa e observante de todas as leis (8,1-8). Em primeiro lugar, censurou Ozias e os anciãos por desafiar Deus, fixando um tempo limite para a intervenção divina (8,9-27). Em seguida, informou-lhes que deixaria a cidade com sua serva, mas não forneceu maiores detalhes (8,32-36).

Judite, então, elevou uma fervorosa oração a seu Deus (9,1-14). A seguir, vestiu-se com suas roupas de festa, pegou alguns alimentos puros e, acompanhada de sua serva, deixou a cidade e dirigiu-se ao acampamento inimigo. Depois de ser interceptada pelas sentinelas assírias, ela foi levada até o general Holofernes que se encantou com sua beleza (10,1-23). Com palavras cheias de ambiguidade e ironia, Judite conquistou a simpatia de Holofernes e de seus homens (11,1-23). Mas, mesmo no acampamento assírio, Judite se mantinha fiel às prescrições mosaicas sobre os alimentos, as purificações e as orações (12,1-9).

Convidada por Holofernes, tomou parte em um banquete, mas se absteve dos alimentos impuros. O general estava apaixonado por ela e entusiasmado com sua presença, tomou muito vinho (12,10-20). Depois da saída de todos, Judite ficou sozinha na tenda de Holofernes que dormia embebedado. Fez uma invocação a

Deus e, com a espada do próprio Holofernes, cortou-lhe a cabeça. Colocou-a numa sacola e voltou com sua serva para Betúlia (13,1-10).

Ao ver a cabeça de Holofernes, a cidade inteira exultou de alegria e louvou a Deus (13,11-20). Ao romper da aurora, a cabeça de Holofernes foi suspensa na muralha de Betúlia e os judeus atacaram o exército assírio. Informados que Holofernes estava morto, os assírios fugiram em pânico e foram perseguidos até Damasco (14,1–15,7).

O livro termina narrando o saque do acampamento assírio e o triunfo de Judite (15,8-14). A celebração da vitória termina no Templo de Jerusalém depois de três meses de festa (16,1-20). Voltando para Betúlia, Judite viveu até a idade de cento e cinco anos, famosa e louvada por todos (16,21-25).

Gênero literário

Os nomes de Nabucodonosor (Jt 1,1), dos assírios (1,1), dos medos e persas (16,10), a cronologia dos acontecimentos (1,1.13; 2,1) e os dados geográficos fizeram com que o Livro de Judite fosse considerado uma obra histórica. Mas o livro apresenta muitas incongruências. Por exemplo:

- Nabucodonosor foi rei da Babilônia e não da Assíria.
- Nínive foi destruída por Nabopalasar, pai de Nabucodonosor em 612 a.C., e Nabucodonosor nunca morou em Nínive, mas na cidade da Babilônia.
- Arfaxad, rei da Média, é totalmente desconhecido.
- Ecbátana, capital da Média, não foi destruída por Nabucodonosor, mas por Ciro, rei da Pérsia.
- Holofernes é um nome de origem persa.
- A cidade de Betúlia nunca existiu.
- Judite significa Judeia.

Essas e muitas outras observações induzem a considerar que o Livro de Judite não é uma obra histórica no sentido próprio do termo. O autor serviu-se de elementos de diferentes épocas históricas e compôs uma história fictícia com uma finalidade didática.

A maioria dos autores prefere classificar o Livro de Judite como uma novela, um romance religioso, uma história exemplar de uma viúva piedosa que, fortalecida por sua fé, enfrenta e derrota o inimigo de seu povo.

Mensagem

O objetivo do autor não é histórico, mas religioso. Seus personagens não são reais, mas são "tipos" ou símbolos. Nabucodonosor representa aqueles que se opõem a Deus, aqueles que se atribuem prerrogativas divinas; Judite é a encarnação do povo judeu e de todos aqueles que confiam em Deus, mesmo nos momentos de grande perigo. É uma figura que pode inspirar qualquer pessoa.

A vitória de Judite é a vitória do próprio Deus sobre qualquer potência humana divinizada, isto é, contra a idolatria. O autor quis mostrar que, quando o povo é fiel a seu Deus, este o liberta de todos os seus inimigos.

O Livro de Judite tinha por objetivo sustentar os judeus fiéis na luta contra Antíoco IV da Síria com seu totalitarismo político e religioso. O povo era exortado a resistir, apesar dos poucos meios que possuía diante de uma grande potência. Enfim, o Livro de Judite é um convite a confiar sempre em Deus, porque Ele é o Senhor da história.

4
O LIVRO DE ESTER

Como os livros de Rute, Tobias e Judite, também esse livro leva o nome de sua protagonista, Ester, uma judia que se tornou rainha da Pérsia. Em Est 2,7 o autor apresenta a protagonista com dois nomes, um hebraico e outro de origem incerta. O nome hebraico Hadassa, do hebraico hadassah, que significa "mirto". Já o nome Ester pode derivar da palavra persa "stareh" que significa estrela, astro.

Autor e data

Muitos autores antigos, baseados em Est 9,20, consideravam Mardoqueu o autor do livro. Hoje se afirma que o autor é um judeu desconhecido que para uns viveu na Diáspora. Ele conhece muito bem os costumes persas e a topografia da cidade de Susa, capital do Império Persa. É impossível conhecer mais sobre o autor. Com muita probabilidade o texto hebraico foi escrito no século III a.C. Os acréscimos em grego são do século II a.C.

O texto

O Livro de Ester chegou até nós em dois textos: um escrito em hebraico e menor em extensão; outro mais longo e escrito em grego. O texto grego tem aproximadamente 100 versículos a mais, porque, além dos textos traduzidos do hebraico, possui um acréscimo de textos gregos. Os acréscimos em grego são:

- Sonho de Mardoqueu (1,0a-0k).
- Decreto de extermínio dos judeus (3,13a-13h).
- A oração de Mardoqueu (4,17a-17l).
- A oração de Ester (4,17m-17kk).
- Ester se apresenta ao rei (5,2a-2p).
- Decreto de reabilitação dos judeus (8,12a-12cc).
- A interpretação do sonho de Mardoqueu (10,3a-3k).

A Bíblia hebraica possui apenas os textos escritos em hebraico, enquanto que a Bíblia dos Setenta contém o texto hebraico com os acréscimos em grego intercalados. São Jerônimo, ao fazer a tradução da Vulgata, traduziu o texto hebraico e colocou os textos em grego no final do livro, após 10,3 como um apêndice (10,4–16,24).

Os atuais editores e comentadores de Ester usam sistemas diferentes e complicados para citar e diferenciar os textos em hebraico daqueles em grego. As traduções da Bíblia em português também usam modos diferentes ao traduzir os textos hebraicos ou gregos do Livro de Ester:

- A Bíblia da Editora Vozes cita os textos gregos em itálico e usa letras para indicar os capítulos.

- A Bíblia da Editora Ave-Maria segue o texto da Vulgata, isto é, traz o texto hebraico e no final acrescenta os textos do grego como complemento.

- A Bíblia da CNBB segue o texto longo da Bíblia grega. Para diferenciar, cita os textos gregos em itálico e entre parênteses, e os versículos do texto hebraico são indicados com números enquanto os em grego são indicados com letras.

- A Bíblia do Peregrino também traduz o texto longo (o grego), porém, os textos em grego estão escritos em itálico e seguem a numeração da Vulgata. Ex.: 11,2-12 (grego) precede 1,1ss. (hebraico); 12,1-6 (grego) antes de 3,1-13 (hebraico).

- A Bíblia de Jerusalém segue o texto grego, diferenciando os versículos em hebraicos com número e os em gregos com letras.

- A TEB (Tradução Ecumênica da Bíblia) traz as duas traduções de Ester. O texto hebraico (curto) está colocado no cânon entre os Livros das Lamentações e de Daniel. O texto grego é colocado entre os Deuterocanônicos, no final do Antigo Testamento. Os capítulos gregos são citados com letras (A; B; C...) e os hebraicos com números (1; 2; 3...).

- A Bíblia Pastoral traduz o texto grego, citando os versículos gregos com letras e em itálico e os versículos hebraicos com números.

A partir de Lutero, que adotou o cânon hebraico do Antigo Testamento, as Igrejas Reformadas (Luterana, Presbiteriana, Calvinista, Batista e outras) reconhecem como inspirado apenas o texto hebraico tal como se encontra na Bíblia hebraica. Já a Igreja Católica aceita como inspirado, também, o texto escrito em grego, ou seja, o texto longo da Bíblia grega dos Setenta.

O Livro de Ester não é citado explicitamente nenhuma vez no Novo Testamento. Encontramos apenas algumas alusões na narração da morte de João Batista (compare Mc 6,17-29 com Est 5-7). Também é o único livro do Antigo Testamento de que não foi encontrada nenhuma cópia nas grutas de Qumran.

Alguns autores afirmam que Ester não foi aceito em Qumran por razões teológicas. A rainha Ester não era um exemplo para os judeus porque não se abstinha de alimentos impuros; a festa de Purim não foi aceita no calendário litúrgico essênio e o texto hebraico não cita nenhuma vez o nome de Deus.

Conteúdo e divisão

A divisão do Livro de Ester é bastante clara:

1ª Parte – Prólogo: repúdio da rainha Vasti e a escolha de Ester (Est 1,1–2,23)

Esse prólogo tem o objetivo de apresentar o cenário dos acontecimentos, na cidade de Susa da Pérsia, onde o rei Assuero, identificado com Xerxes I (486-465 a.C.) ofereceu um banquete a todos os príncipes e ministros de seu vasto império para mostrar sua grande riqueza. Ao mesmo tempo, a rainha Vasti, esposa de Assuero, também ofereceu uma festa para as mulheres. Depois de alguns dias, o rei quis mostrar ao povo sua bela esposa. Mas a rainha Vasti se recusou a se apresentar diante do rei e, por seu ato de desobediência, foi rejeitada (1,1-22).

Então, para escolher a nova rainha, organizou-se uma espécie de "concurso de beleza" (2,1-4). Ora, em Susa, morava um judeu chamado Mardoqueu (Mordekay no texto hebraico), que era tutor de sua sobrinha Edissa, também chamada Ester, órfã de pai e mãe (2,5-15). Ora, Ester que foi escolhida entre as mais belas moças do império e tornou-se esposa de Assuero (2,15-18).

Instruída por seu primo Mardoqueu, Ester não revelou a ninguém sua origem judaica, nem seu parentesco com o próprio Mardoqueu. Pouco depois da coroação da rainha, Mardoqueu denunciou um complô para matar o rei (2,19-23).

2ª Parte – Ester salva os judeus do extermínio (Est 3,1–9,19)

Entra em cena um novo personagem, um nobre funcionário da corte, chamado Amã, descendente de Agag. Ora, Agag foi um rei dos amalecitas preso por Saul e morto por Samuel (cf. 1Sm 15). Existia uma grande rivalidade entre os amalecitas e os judeus (Ex 17,14ss.). Assim, Amã é apresentado como um verdadeiro inimigo dos judeus (3,1-2). Como Mardoqueu se recusava a inclinar-se diante dele, este decidiu acabar com todos os judeus do reino persa (3,3-6).

Para convencer o rei a assinar o decreto de extermínio dos judeus, Amã invocou razões de estado, a segurança do império que poderia ser ameaçada pela tolerância de costumes contrários aos decretos reais. Também omitiu o nome do povo incriminado (3,7-11). Com a aprovação real, Amã enviou cartas a todas as províncias do império, determinando que todos os judeus, crianças, jovens e adultos, deveriam ser exterminados no dia 13 do mês de adar (fevereiro-março).

Tomando conhecimento do decreto real, Mardoqueu primeiro fez penitência e depois informou Ester, pedindo-lhe que intercedesse junto ao rei em favor de seu povo (4,1-14). A pedido de Ester, todos os judeus se reuniram e fizeram jejum e penitências por três dias (4,15-17).

Passados os três dias, Ester vestiu trajes de rainha e, contra todas as normas do reino, apresentou-se diante de Assuero (5,1-2). Encantado com sua beleza, o rei jurou atender seu pedido. Ester apenas convidou o rei e Amã para um banquete em seus aposentos. O rei atendeu seu pedido e, acompanhado por Amã, compareceu ao banquete. E pela segunda vez, Assuero se comprometeu a atender seu pedido. Mas Ester os convida para mais um banquete no dia seguinte.

Ao voltar para casa, Amã passou na frente de Mardoqueu, que não se levantou nem se inclinou. Cheio de raiva, mandou preparar uma forca para matar Mardoqueu (5,9-14). Durante a noite, não conseguindo dormir, o rei Assuero mandou ler os anais do reino, onde estava registrada a ação de Mardoqueu, que o salvara da morte (6,1-2).

Querendo recompensar Mardoqueu, o rei mandou chamar Amã e lhe perguntou: "Que se deve fazer à pessoa que o rei quer honrar?" Pensando que seria ele essa pessoa, Amã propõe uma glorificação real. Sua decepção foi grande ao descobrir que era Mardoqueu, e não ele, quem seria homenageado pelo rei (6,3-14).

Depois disso, o rei, acompanhado por Amã, foi ao banquete preparado pela rainha Ester, e mais uma vez se comprometeu a atender seu pedido, mesmo que fosse a metade de seu reino (7,1-2). Ela manifestou o seu desejo: a salvação de seu povo do extermínio arquitetado por Amã. Este, não sabendo que Ester era judia, decretou a morte de todos os judeus, ceifando, assim, a vida da própria rainha.

Assuero atendeu seu pedido e ordenou que Amã fosse morto na forca preparada para Mardoqueu (7,3-10). No mesmo dia, o rei Assuero confiscou os bens de Amã e os entregou à Ester e nomeou Mardoqueu seu primeiro-ministro. A seguir, redigiu outro decreto anulando o decreto de morte dos judeus (8,1-17). No dia estabelecido, foram os judeus que mataram seus adversários (9,1-19).

3ª Parte – A instituição da festa de Purim (Est 9,20-32)

Como conclusão, o livro narra a instituição da festa de Purim e o elogio de Mardoqueu. Esse texto parece ser um acréscimo posterior para dar sentido a uma festa de caráter profano que já existia.

O escritor Flávio José afirma que os judeus celebravam essa festa há muitos anos. A festa de Purim, de origem pagã, era celebrada pelos judeus no dia 14 do mês de Adar (fevereiro-março). É provável que a festa e o livro surgiram independentes um do outro. Foram unidos para dar à festa um caráter histórico. Purim foi associado à palavra "pur", que significa tirar a sorte. Amã teria tirado a sorte para escolher o dia do extermínio dos judeus.

O livro termina tecendo um elogio a Mardoqueu que, embora fosse judeu, "era o primeiro depois do rei Assuero" (10,3). E conclui afirmando que a grandeza de Mardoqueu está consignada no Livro das Crônicas dos reis da Média e da Pérsia.

Mensagem

À primeira vista o Livro de Ester parece um livro profano, uma exaltação do orgulho nacionalista dos judeus, um texto cheio de ódio e desejo de vingança. Martinho Lutero dizia que era um texto que continha muita maldade humana. Ao contrário, a teologia católica descobriu na trama do livro a presença misteriosa de Deus que guia a história. O próprio Mardoqueu disse à rainha Ester: *"E quem sabe se não foi em vista de uma circunstância dessas que fostes elevada à realeza?"* (4,14).

A mensagem principal do livro é narrar a vitória de Deus sobre seus inimigos. O povo de Deus, que está prestes a sofrer, é salvo, e seus inimigos padecem no seu lugar. Esse ensinamento não é novo na Bíblia. Basta ler alguns salmos (Sl 6; 7; 13; 28, entre outros), onde o salmista se encontrava numa situação desesperadora e, improvisadamente, passa a cantar sua vitória sobre seus inimigos.

A história de Ester é semelhante à de José, no Egito, de Daniel ou de Judite. Mas para o Livro de Ester essa mudança de situação não acontece com a intervenção milagrosa de Deus. Aliás, Deus não é expressamente nomeado nenhuma vez no livro. No entanto, é Ele quem conduz a história (4,13-14). O agir de Deus é misterioso. A história humana parece determinada pelo "pur", isto é, pela sorte. E onde parece haver uma série de coincidências (purim) fortuitas, ali está a ação de Deus. Deus age na nossa história, embora não sejamos capazes de reconhecê-lo.

O autor do livro quis ressaltar a responsabilidade humana na construção da história. Antes de agir, tanto Ester quanto Mardoqueu rezam, jejuam e fazem penitências. As ações humanas têm sua importância porque a presença de Deus é escondida. Na Igreja, o livro foi muitas vezes lido em sentido tipológico: Assuero, que atende o pedido de Ester e salva os judeus, foi visto como figura do Redentor; Ester, que salva seu povo, seria o tipo da Igreja. Ester é também vista como figura de Maria, a Mãe de Jesus, que sempre intercede por seus filhos.

REFERÊNCIAS

ABADIE, P. *O Livro de Esdras e de Neemias*. São Paulo: Paulus, 1998 [Cadernos Bíblicos 74].

BALLARINI, T.; VALLAURI, E. & VIRGULIN, S. *Introdução à Bíblia* II/2. Petrópolis: Vozes, 1976.

BRIGT. J. *História de Israel*. São Paulo: Edições Paulinas, 1985 [Nova Coleção Bíblica].

BUIS, P. *O Livro dos Reis*. São Paulo: Paulus, 1997 [Cadernos Bíblicos 70].

DALLA VECCHIA, F. *Livros Históricos* – Introdução aos estudos Bíblicos. Petrópolis: Vozes, 2019.

GILBERT, P. *Os Livros de Samuel e dos Reis*. São Paulo: Paulinas, 1987 [Cadernos Bíblicos 44].

GUSSO, A.R. *Panorama histórico de Israel* – Para estudantes da Bíblia. Curitiba: A. D. Santos Editora, 2006.

LAMADRIR A.G. *As Tradições Históricas de Israel*. Petrópolis: Vozes, 1999.

MESTERS, C. *Como ler o Livro de Rute* – Pão, família, terra. São Paulo: Paulinas, 1991 [Série "Como ler a Bíblia"].

MONLOUBOU, L. et al. *Os Salmos e os outros escritos*. São Paulo: Paulus, 1996 [Biblioteca de ciências bíblicas].

ROBERT-FEUILLET. *Introdução à Bíblia* – Antigo Testamento II. São Paulo: Herder, 1967.

ROMER, T. et al. *Antigo Testamento* – História, Escritura e Teologia. São Paulo: Loyola, 2010, p. 285-380; 629-636; 680-687; 701-727.

SAULNIER, C. *A revolta dos macabeus*. São Paulo: Paulinas, 1987. [Cadernos Bíblicos 41].

STORNIOLO, I. *Como ler o Livro de Judite*. São Paulo: Paulus, 1994 [Série "Como ler a Bíblia"].

_____. *Como ler os Livros dos Reis* – Da glória à ruína. São Paulo: Paulinas, 1992 [Série "Como ler a Bíblia"].

_____. *Como ler o Livro dos Juízes* – Aprendendo a ler a história. São Paulo: Paulinas, 1992 [Série "Como ler a Bíblia].

_____. *Como ler o Livro de Josué – Terra = Vida*: Dom de Deus e conquista do povo. São Paulo: Paulinas, 1992 [Série "Como ler a Bíblia"].

STORNIOLO, I. & BORTOLINI, J. *Como ler o Livro de Tobias* – A família gera vida. São Paulo: Paulus, 1994 [Série "Como ler a Bíblia"].

STORNIOLO, I. & BALANCIN, E. *Como ler os Livros de Samuel* – A função da autoridade. São Paulo: Paulus, 1991 [Série "Como ler a Bíblia"].

COLEÇÃO INTRODUÇÃO À BÍBLIA
Pe. José Carlos Fonsatti

- *O Pentateuco – Introdução geral*
- *Introdução à Bíblia*
- *Os Livros Históricos da Bíblia*

LEIA TAMBÉM:

Catequese...

Sobre o que estamos falando?

Débora Regina Pupo

Com uma linguagem próxima de quem lê, a autora dialoga com o leitor propondo uma reflexão séria, de maneira criativa e envolvente, sobre a definição de catequese. Ao aprofundar conceitos e ideias centrais em documentos catequéticos, possibilita compreender o sentido desta importante ação evangelizadora da Igreja no contexto atual. Quando a catequese é apresentada em relação à compreensão de Iniciação à Vida Cristã, é possível compreender sua finalidade de promover a maturidade da fé.

Para favorecer a assimilação e apropriação em torno das reflexões apresentadas na obra, são propostos três roteiros de estudo para a formação de catequistas e dois roteiros para a formação dos familiares. A base de conteúdo para estes roteiros formativos são os temas do próprio livro, que se torna, além de subsídio de estudo pessoal, instrumento de formação de grupos de catequistas e familiares, oferecendo o entendimento da catequese e sua função na vida das pessoas.

Débora Regina Pupo *é Coordenadora Regional da Dimensão Bíblico-Catequética do Regional Sul 2 da CNBB. Atua também na formação de lideranças nas diversas áreas da Teologia, tendo como campo mais específico a formação de catequistas. Foi assessora na formação para o clero e seminaristas dentro da área de Iniciação à Vida Cristã.*

Itinerário da fé

A experiência da samaritana e a formação do discípulo missionário

D. Eugênio Rixen
Pe. Leandro Pagnussat
Maria Augusta Borges

Este livro apresenta os passos da mulher samaritana, que encontrou em Jesus a razão da sua existência e da sua fé. Trata-se de uma reflexão que contribui para que os catequistas percorram esse mesmo caminho não unicamente teórico, mas de aprofundamento e vivência de sua fé. Para isso, os autores propõem um mergulho no Itinerário da samaritana apresentado pelo evangelista João, que nos revela um processo iniciático de amadurecimento da fé na vida.

Como modelo para a catequese de Iniciação à Vida Cristã, segundo a inspiração e orientações da 55ª Assembleia dos Bispos do Brasil, em cada capítulo há o aprofundamento do diálogo e caminho progressivo da fé que Jesus realiza com a mulher samaritana e seu povo. A partir desse diálogo de Jesus com a samaritana identificam-se os elementos pedagógicos e metodológicos comunicados pela espiritualidade bíblica.

Este livro contribui, assim, na formação e na ação evangelizadora do fazer a catequese de maneira prática, para tornar-se um sinal de pertença, essencial na formação do discípulo missionário.

LEIA TAMBÉM:

Conhecer a FÉ que professamos

Pe. Thiago Faccini Paro

Conhecer a FÉ que professamos é um livro escrito para todo cristão que quer conhecer um pouco mais da fé professada pela Igreja Católica Apostólica Romana. Em poucas páginas e com uma linguagem acessível a todos, o livro busca, através da interpretação de textos bíblicos e de histórias preservadas pela Tradição da Igreja, apresentar temas fundamentais e essenciais para a vivência da fé cristã.

A criação do mundo, o tempo e espaço, a escolha e o chamado dos discípulos missionários, o mistério da fé celebrado pela liturgia, dentre outros, são temas abordados nesse livro que irá surpreender e encantar o leitor, estimulando ao aprofundamento e conhecimento da história e riqueza da fé professada pela Igreja Católica.

É desejo do autor que, com o apoio dessa obra, nos tornemos verdadeiros seguidores e testemunhas de Jesus Cristo em sua Igreja, e possamos transmitir com autenticidade e coragem a FÉ que professamos.

CULTURAL
Administração
Antropologia
Biografias
Comunicação
Dinâmicas e Jogos
Ecologia e Meio Ambiente
Educação e Pedagogia
Filosofia
História
Letras e Literatura
Obras de referência
Política
Psicologia
Saúde e Nutrição
Serviço Social e Trabalho
Sociologia

CATEQUÉTICO PASTORAL
Catequese
  Geral
  Crisma
  Primeira Eucaristia

Pastoral
  Geral
  Sacramental
  Familiar
  Social
  Ensino Religioso Escolar

TEOLÓGICO ESPIRITUAL
Biografias
Devocionários
Espiritualidade e Mística
Espiritualidade Mariana
Franciscanismo
Autoconhecimento
Liturgia
Obras de referência
Sagrada Escritura e Livros Apócrifos
  Teologia
    Bíblica
    Histórica
    Prática
    Sistemática

REVISTAS
Concilium
Estudos Bíblicos
Grande Sinal
REB (Revista Eclesiástica Brasileira)

VOZES NOBILIS
Uma linha editorial especial, com importantes autores, alto valor agregado e qualidade superior.

PRODUTOS SAZONAIS
Folhinha do Sagrado Coração de Jesus
Calendário de mesa do Sagrado Coração de Jesus
Agenda do Sagrado Coração de Jesus
Almanaque Santo Antônio
Agendinha
Diário Vozes
Meditações para o dia a dia
Encontro diário com Deus
Guia Litúrgico

VOZES DE BOLSO
Obras clássicas de Ciências Humanas em formato de bolso.

CADASTRE-SE
www.vozes.com.br

EDITORA VOZES LTDA.
Rua Frei Luís, 100 – Centro – Cep 25689-900 – Petrópolis, RJ
Tel.: (24) 2233-9000 – Fax: (24) 2231-4676 – E-mail: vendas@vozes.com.br

UNIDADES NO BRASIL: Belo Horizonte, MG – Brasília, DF – Campinas, SP – Cuiabá, MT
Curitiba, PR – Fortaleza, CE – Goiânia, GO – Juiz de Fora, MG
Manaus, AM – Petrópolis, RJ – Porto Alegre, RS – Recife, PE – Rio de Janeiro, RJ
Salvador, BA – São Paulo, SP